MADAME QUATREMÈRE

Louis **LAROCHE**
Docteur en Droit

UNE BIENFAITRICE DE PARIS

sous la

RÉVOLUTION

Madame QUATREMÈRE

PARIS

—

1901

A Monsieur le Prince d'ESSLING

ET

A Madame la Princesse d'ESSLING

LE FILS DU COMMANDANT LAROCHE
1ᵉʳ Avril 1901

AVANT-PROPOS

La petite biographie qui suit ne peut présenter d'intérêt pour les fervents d'actions d'éclat ; point de hauts faits dignes d'être enchâssés, diamants de l'histoire, dans les chroniques d'une nation ; point de ces illustrations ni de ces alliances qui auréolent un nom pour la suite des temps ; elle offre simplement un exemple remarquable de vertu, d'honorabilité et d'accession à la noblesse par les services rendus à la cité et au commerce en faveur d'une modeste famille bourgeoise.

Tant il est vrai que le sentiment de l'abnégation et de l'honneur inné dans la race de France pouvait mener les plus ignorés à la recherche des carrières où le mérite personnel trouvait des occasions de se signaler.

Nous ajouterons aussi que dans ces temps de féminisme à outrance où la compagne de l'homme menace de rivaliser avec lui dans toutes les situations de la vie, il est réconfortant de pouvoir citer une femme, qui, née dans l'autre siècle, incarnation de toutes les vertus civiques et privées, les plus exquises et les plus rares, les a transmises à toute sa postérité, et en particulier à trois générations successives de femmes, dont l'auteur est le fils et qu'il a connues ensemble pendant plus de vingt ans unies à des époux véritablement dignes d'elles.

Que Mme Montenot, M. Paul Lacombe, M. Pollissard nous permettent de leur exprimer ici notre vive gratitude pour la libéralité avec laquelle ils nous ont ouvert leurs archives familiales.

Madame QUATREMÈRE
MORTE A PARIS EN ODEUR DE SAINTETÉ
le 15 octobre 1790

1.

Madame QUATREMÈRE

I

« *Pius est patriæ decora*
referre labor. »

Madame Quatremère, dont nous allons essayer d'esquisser la vie, naquit au moment où la France monarchique, quoique bien épuisée par les guerres du Grand Roi et celles de son arrière-petit-fils, allait, avec la paix de Vienne, atteindre l'apogée de sa puissance au xviiie siècle. Louis XV était alors l'époux très fidèle de la reine de France et les destinées les plus sacrées du royaume ne dépendaient pas encore d'un sourire de Madame de Pompadour ou de Madame du Barry.

Mais un vent de libertinage et d'incrédulité soufflait irrésistible, et la société, devançant le monarque, prenait plaisir à mettre en pratique la devise : « Après nous le déluge » qu'il devait, hélas, prononcer dans ses derniers jours. Peu à peu les maîtresses du roi règnent bien plus que Louis XV lui-même, sur le siècle le plus licencieux qui fût jamais ; toutes les classes étalent, à l'envi, le luxe le plus éhonté devant la misère la plus noire ; une corruption effrénée étouffe, au milieu de disettes inouïes, et dans tous les cœurs, les sentiments de vertu et de charité qui eussent dû y germer.

Les hôtels sur la porte desquels le blason sculpté des ancêtres est synonyme de « valeur et gloire », abritent des orgies néronesques : les plus grands noms de France sont compromis dans des spéculations. véreuses et inavouables ; la religion bafouée est représentée non par des prêtres véritables, mais par les trop célèbres « petits abbés », qui effrontément réclament l'honneur de faire antichambre chez les actrices à la mode ou passent leur temps à minauder dans le boudoir parfumé des dames de la plus haute aristocratie.

Cette luxure ne connaissait plus de frein et atteignait à la folie. Ne vit-on pas, en effet, un vieillard de quatre-vingts ans, le précepteur même de la jeune et vertueuse Clotilde de France, sœur de Louis XVI, et qui devait plus tard mourir reine de Sardaigne et être déclarée vénérable, tenir à cette princesse, âgée à peine de quinze ans, les propos les plus inconvenants et les plus dissolus.

Telle était l'atmosphère impure que respi-

rait, au milieu de ce siècle, la société qui, après
avoir vu naître la banqueroute de Law, devait
être spectatrice des scandales du procès du Col-
lier, et finir dans le sang de la Terreur ; du reste
la plume philosophique et vengeresse de Beau-
marchais l'avait, déjà, non sans raison, fusti-
gée et stigmatisée.

Mais où l'élection du destin se fait le mieux
sentir dans une société, c'est peut-être au moment où, dans la majorité de ses membres, elle
fléchit le plus, contrairement aux lois de la
morale, et de la manière la plus déplorable.
« Il faut des anges à la terre », a dit un grand
poète, doublé d'un philosophe !

Le moment était donc venu pour Madame
Quatremère d'apparaître en ce monde, où elle
devait, pendant plus de quarante ans, remplir
une Capitale comme Paris d'étonnement et
d'admiration, et l'édifier par sa foi vive,
l'ardeur de sa charité, l'élévation de ses
sentiments et son amour démesuré du prochain.

Il est, à Paris, un quartier populeux, celui de
Saint-Séverin, qui, presque unique parmi tous
les autres, n'a pas encore perdu totalement son
cachet primitif au milieu des embellissements
et des transformations modernes. La basilique

qui donna son nom au quartier et date des Mérovingiens, est toujours étouffée au milieu d'un lacis extrêmement curieux de rues courtes, étroites, tortueuses où s'entassent l'une sur l'autre des boutiques basses, sombres et humides. Seule la fine flèche ardoisée, décorée de lucarnes et coiffée d'un orgueilleux lanternon, resplendit au soleil, dépassant les hauts pignons aux formes gracieuses et variées pour se laisser apercevoir de toute la ligne des quais.

Encore aujourd'hui en maints endroits, l'hiver, des ruisseaux à pente torrentielle déversent tumultueusement au plus prochain égout, leurs flots boueux : les véhicules s'abstiennent de s'aventurer dans ces dédales, ne trouvant aucun espace pour tourner, aucune issue pour sortir. Si l'on est attiré par les rumeurs marchandes de la rue de la Parcheminerie, on se croit transporté immédiatement par la pensée en plein ghetto de Venise ou d'Amsterdam : partout des linges séchant aux fenêtres et une odeur âcre de moisissure et de misère qui vous étrangle.

A quelques pas de là, au contraire, une fumée succulente annonce les rôtisseries, qui, depuis le moyen âge, sont restées fidèles à ce quartier ; partout un tourne-broche éternel qui fait penser à la roue d'Ixion, déverse aux devantures, tout le jour, jusqu'à la nuit, des myriades de volailles cuites : on serait tenté d'imiter les Limousins, dont parle Mercier, qui « venaient manger leur pain sec à l'odeur du rôt, alors que la fournaise des cheminées ne s'éteignait que pendant le Carême ».

C'est dans ce coin si pittoresque de Paris que naquit Anne-Charlotte Bourjot. Le 30 mars 1732, dans l'incertaine et pacifiante odeur des voûtes enfumées par la cire, dans le doux et tiède parfum d'oliban et de cave, au milieu des cierges éclairant de leur lueur vacillante et vermeille la suie des murs, on portait sur les fonts baptismaux de l'ancien oratoire de Childebert, celle qui, dix-huit ans plus tard, devait être Madame Quatremère.

Sa mère, Mme Bourjot, femme d'une rare vertu et fort instruite, était à la tête d'un grand commerce.

Elle eut neuf enfants, deux garçons et sept filles, dont Anne-Charlotte fut l'aînée (1). Dès la plus tendre enfance, dans l'intérieur de sa

(1) La sœur de M. Bourjot père, Marguerite Bourjot, avait épousé Sorel, contrôleur de la maison de S. A. R. Monsieur.

famille, le premier fond des connaissances d'Anne-Charlotte fut enrichi par une culture assidue de l'esprit. Mme Bourjot n'admettait point, comme certaines mères, que la femme est uniquement créée pour plaire, et ne sacrifiait point dans ce but le nécessaire au superflu, c'est-à-dire, à un vernis brillant d'instruction, à des talents agréables et à des manières distinguées ; cette mère vertueuse sentait vivement l'infériorité à laquelle une vie oisive et frivole réduit la femme. Pour elle, la femme, dans son rôle social de sœur, de fille, de fiancée, d'épouse et de mère, devait être l'âme de la France, et remplir, comme le dit Fénelon, « les devoirs qui sont les fondements de la vie humaine ».

Toujours présente dans le chaos des opinions pour dissiper les erreurs et les incertitudes, elle doit faire jaillir du foyer de purs rayons qui puissent éclairer et réchauffer la famille tout entière.

Aussi le but constant de Mme Bourjot pendant la jeunesse de ses enfants, fut de leur procurer une éducation répondant à cet idéal. Elle confia ses deux fils à des précepteurs dont la réputation de science et de vertu était universelle. L'un d'eux fut le célèbre abbé Racine (1).

Les filles furent mises de bonne heure dans une des meilleures pensions de la paroisse Saint-Séverin. Anne-Charlotte se distingua tout de suite des autres pensionnaires par sa candeur, son maintien simple et modeste, sa patience et son esprit conciliant vis-à-vis de ses camarades. De plus une imagination vive et poétique, des aspirations ardentes et généreuses, révélaient une âme prédestinée aux grandes vertus. Dans les assemblées de catéchisme, non seulement elle était la première, pour la clarté et la méthode de ses rédactions, mais encore elle aidait nombre de camarades dans leurs travaux et soulevait des controverses devant son directeur.

Aux distributions annuelles de prix, la séance était toujours ouverte par Anne-Charlotte, qui par cœur récitait un évangile ou un fragment d'un auteur célèbre ; et des applaudissements unanimes soulignaient du commencement à la

_____

(1) Bonaventure Racine, de la famille du grand poète (1708-1755), dut quitter le collège de Rabasteins en 1731, dont il était directeur, à cause de ses idées jansénistes et plus tard, pour la même raison, ceux de Lunel et d'Harcourt. Il vivait dans la retraite lorsque Caylus, évêque d'Auxerre, lui conféra les ordres sacrés. On lui doit une *Histoire Ecclésiastique* en 13 volumes.

fin de la solennité l'appel constamment répété de son nom. Elle n'avait point fait sa première communion et l'histoire ecclésiastique lui était si familière, qu'elle en dégageait la philosophie et plus tard, grâce à cette intelligence, nous la verrons prédir l'avenir sans être démentie jamais par les événements.

Après sa première communion, ses parents, jugeant parfaites et avec raison son éducation et son instruction, la rappelèrent auprès d'eux pour les aider à la tête de leur important commerce. Mais la ferveur de sa dévotion n'était plus réglée par la sagesse de ses institutrices, et bien que ses directeurs l'éloignent volontairement du confessionnal, tant ils connaissent la pureté de sa vie, elle tombe néanmoins dans des excès de piété préjudiciables à sa santé. L'abus des jeûnes lui cause même des crachements de sang, et il faut les remontrances de ses parents, pour qu'elle se résigne à une pratique moins austère de la religion.

Bien qu'à peine sortie de l'extrême jeunesse, sa grande clairvoyance du monde et la maturité de son jugement lui avaient montré tant d'idéal et d'illusions, tant de générosité et de défaillances, que la vie religieuse lui semblait pouvoir, seule, réaliser toute perfection et prévenir toute défection. Il faut admirer ces natures d'élite qui, avec de si impétueux élans hors de ce monde, trouvent à la fin moyen de se plier aux actes et aux sacrifices de la vie terrestre.

La pureté de sa vie et l'innocence de ses mœurs avaient déjà excité la convoitise des meilleures familles de la bourgeoisie parisienne, ayant des fils à marier, et ses parents avaient encouragé les espérances d'un jeune homme d'une grande noblesse de sentiments et qui, bien qu'à peine âgé de 25 ans, discernait la valeur exquise et les dons de l'esprit de l'épouse à laquelle il allait nouer ses destinées.

Le 14 août 1750, Anne-Charlotte Bourjot, âgée de 18 ans, épousait, en la paroisse Saint-Jacques-la-Boucherie, Nicolas-Etienne Quatre-mère.

Cette famille, dont l'aîné venait de donner son nom à Mlle Bourjot, était originaire de Bordeaux ; puis elle s'établit au xviie siècle dans le comté d'Auxerre (1) où la plupart de ses mem-

(1) A quelques kilomètres d'Auxerre, sur les rives paisibles de l'Yonne, dans une plaine large et verdoyante, abritée par deux hauts coteaux dorés de riches vignobles, s'étale nonchalamment, comme une perle blanche dans un écrin de velours émeraude, riant et lumineux, un coquet village qui se nomme Champs. C'est cet asile de calme et de fraîcheur que choisit la

bres exerçaient la charge de procureur fiscal.
Ces magistrats remplissaient auprès des justices
seigneuriales et ecclésiastiques des fonctions
semblables à celles de procureurs du roi près
des justices royales. Le procureur fiscal était
chargé à la fois de la défense des intérêts des
seigneurs et de ceux des particuliers (1). Puis
la branche aînée se fixa, au xviiie siècle, à **Paris**
où pendant plus d'un demi-siècle elle devait
donner et de ce nom, plusieurs échevins tous
décorés de Saint-Michel, de Saint-Louis et de
la Légion d'honneur; trois membres de l'Ins-
titut (2) siégeant en même temps et dans plusieurs académies à la fois ; un député à la

famille Quatremère pour faire souche, et dont une
branche existe encore dans la région, notamment à
Auxerre.

A Champs, une messe de fondation est encore dite
chaque année pour les membres de la famille Quatremère qui reposent dans l'église de cette localité. Une
petite promenade plantée d'arbres y porte aussi leur
nom.

(1) Un de leurs aïeux maternels, Edme Massé, était
conseiller du roi au siège de la prévôté de Troyes
en 1690.

(2) Quatremère de Quincy, prédécesseur de Wallon à l'Académie des Inscriptions et Belles-Lettres et
secrétaire perpétuel de l'Académie des Beaux-Arts ;
Quatremère d'Isjonval, son frère, membre de l'Académie des Sciences ; Etienne Quatremère, membre de
l'Académie des Inscriptions et Belles-Lettres.

VUE DE CHAMPS-SUR-YONNE

Législative, aux Cinq-Cents et sous la Restauration : Quatremère de Quincy, devenu surintendant général des Beaux-Arts et Monuments sous Louis XVIII; un général sous le Consulat : Quatremère d'Isjonval; un magistrat, des littérateurs, des professeurs au Collège de France, à l'Ecole des langues orientales, d'archéologie, à la Bibliothèque Nationale, etc...

« Les Quatremère s'adonnèrent dès le début, à Paris, au commerce des draps, et s'imposèrent de suite au respect de tous par la sagesse des principes, la solidité de l'instruction, le culte du travail et de l'honorabilité, les traditions sérieuses de culture libérale et d'honnête indépendance. On y conservait, comme l'héritage le plus précieux, l'intégrité des mœurs antiques sous la garde d'austères croyances. Ces vertus les placèrent immédiatement au premier rang de la plus haute et de la plus vieille bourgeoisie parisienne, bien avant que le roi leur eût octroyé la noblesse (1). »

Les dignités municipales du temps étaient venues couronner la richesse bien acquise et les services signalés rendus à l'industrie fran-

(1) Barthélemy-Saint-Hilaire.

çaise et à la Cité (1) leur avaient valu de la part des rois Louis XV et Louis XVI des lettres de noblesse avec le privilège accordé à l'aîné de la famille de continuer le commerce sans déroger.

(1) Sous la Révolution, la rue d'Anjou, dans sa partie qui touchait la Pépinière, s'appelait : *Quatremère.*

II

Ces deux familles étaient, on le voit, bien
faites pour s'unir : M. Quatremère était fonciè-
rement bon ; s'il lui arrivait de contredire son
épouse et de mettre sa patience à l'épreuve, ce
n'était que dans son intérêt à elle et sur des
points de détail ; dans toutes les choses essen-
tielles, au contraire, il partageait toutes ses
vues. Loin de trouver mauvais qu'elle voulût
beaucoup faire pour le bien, il y participait
lui aussi dans une grande mesure.

Cette jeune femme devait bientôt, pour tous
les parents de son mari, devenir un objet de
prédilection ; elle traitait aussi les gens de service comme une sœur et non comme une maî-
tresse. Sa toilette, des plus simples, était celle
d'une femme bien au-dessous de sa condition.
Elle prenait plaisir à se refuser, par mortifica-
tion et pour que les pauvres en profitassent, la
plupart des objets qu'une femme, sans être
pour cela coquette, s'accorde facilement.

Ceux qui vécurent dans son intimité ont

affirmé qu'*elle avait des relations avec Dieu :*
elle devina souvent, en effet, des événements
qu'il est impossible à une créature humaine
de prévoir, qui se sont réalisés.

Le jour de la Fête-Dieu 1789, Paris fut ébloui
par la magnificence d'une imposante solennité.
Le roi, la reine, les princes et princesses, la
cour et l'Assemblée nationale se rendirent
processionnellement à Saint-Germain-l'Auxerrois. Mme Quatremère, loin de se mêler à la
foule des curieux, témoigna d'une façon plus
solide son attachement au roi et à la nation ;
elle se réfugia dans l'église de l'Oratoire Saint-
Honoré et y passa toute la matinée.

Jamais une parole de médisance n'effleurait
ses lèvres, et elle conservait enfouis dans son
cœur tous les secrets et les peines dont elle
était la dépositaire. On lui connaissait tellement
l'esprit conciliateur, que lorsque des familles
avaient à souffrir de dissentiments ou de procès, on l'appelait conme un arbitre de paix et
de concorde.

Une fois même, M. Angrand d'Alleray (1),

(1) Une branche de la famille Angrand s'allia à la
famille Quatremère ; et l'un de ses membres, consul
de France en Amérique, fit, en mourant, un don précieux à la Bibliothèque nationale.

lieutenant civil, la pria de se rendre à son hôtel, afin de réconcilier une mère et son fils : elle accéda à son désir et y réussit.

En dehors de ses plus proches ou des gens qui pouvaient l'aider dans le soulagement de la misère, elle ne fréquentait point le monde. Mais son mari se croyait tenu de présenter ses hommages à certaines dames de distinction, et les vertus de sa femme étaient si connues et appréciées qu'il avait la joie d'être abordé ainsi : « *Comment se porte votre petit ange ?* »

Au fond de son cœur, s'agitait aussi ce grand sentiment maternel, qui rend sainte la joie de voir grandir les petits êtres et de se sentir revivre en eux pour l'éternité. Elle mit au monde dix enfants, et eut le chagrin de perdre une petite fille de sept ans dans une des meilleures pensions de Paris. Mme Quatremère, sur le point d'accoucher, fort malade et alitée, prit la force d'écrire à cette enfant une lettre si touchante, si affectueuse et si désolée, que la petite fille se la fit lire et relire jour et nuit jusqu'à son dernier soupir.

Mais sa santé était toujours chancelante ; elle acceptait les maux avec douceur et résignation, absorbant les remèdes les plus répugnants, ravie de cette nouvelle occasion de se mortifier. Elle craignait cependant de manquer de la force nécessaire pour accomplir dans toute son étendue la mission qu'elle s'était imposée. Aussi fit-elle souvent des neuvaines ; elle portait toujours sur elle une parcelle de la vraie Croix, en reconnaissance d'un vœu qu'elle avait fait à la Sainte-Chapelle et où elle fut exaucée d'une façon surnaturelle. Elle souffrait du foie, et si horriblement que plusieurs médecins avaient d'un commun accord jugé le mal incurable et tout remède désormais superflu. Avertie qu'elle n'a plus que quelques heures à vivre, elle déclare, en recevant les sacrements , « qu'elle sera guérie, que Dieu est plus puissant que ceux qui annoncent la mort ici-bas ».

Le lendemain les médecins furent contraints d'avouer que la guérison était entièrement miraculeuse. Mme Quatremère se rendit alors en actions de grâces à la Sainte-Chapelle, et continua cette visite par la suite tant que ses infirmités ne l'en privèrent pas ; elle se faisait alors suppléer par une parente de bonne volonté.

Elle aimait beaucoup la lecture et avait une très belle bibliothèque. Mais elle détestait les romans, « cette lecture affadissante, disait-elle, qui est pour notre esprit ce que sont les

sucreries à l'estomac : tous les jours elle con-
sacrait un instant à des lectures spirituelles.
Quand elle était trop souffrante et qu'elle ne
pouvait tenir le livre elle-même, elle se faisait
lire et écoutait attentivement.

Son horreur pour les mauvais livres était si
invincible qu'elle réprimandait avec indigna-
tion les personnes entre les mains desquelles
elle les voyait ; et si elles étaient sous sa
dépendance, elle confisquait l'ouvrage. Fort
instruite relativement à tous les rites religieux, elle en parlait avec la science d'un
théologien, et si par hasard elle en rencontrait
un nouveau avec lequel elle était moins familia-
risée, elle en demandait la raison, et toujours
ses questions portaient l'empreinte d'une
grande sagacité et d'une remarquable solidité
de jugement.

Jamais elle ne restait oisive, et toutes les
fois qu'elle n'en était pas matériellement
empêchée, elle portait avec elle un ouvrage,
qu'elle achevait en cheminant vers ses asiles
charitables, et elle faisait ainsi véritablement
« l'aumône de ses propres mains ».

2.

III

Comme Mme Quatremère avait beaucoup
d'enfants à élever, et que ses larges aumônes
allaient toujours croissant, elle réduisit sa
garde-robe au plus strict nécessaire, après avoir
vendu tous ses bijoux, ses dentelles et autres
objets de parure. Elle avait la générosité
incorrigible et n'ignorait pas que richesse
oblige. Si on essayait de lui prouver que ses
aumônes pouvaient tomber entre les mains de
faux indigents, elle n'en distribuait pas un sou
de moins. Elle savait que derrière quelques
quémandeurs, il existe de vrais misérables
dignes de pitié, et plutôt que de s'exposer à
ne point leur venir en aide, il est préférable
d'accumuler les excès d'une bonté qui ne peut
se réserver. Comme Marie Leczinska, elle
s'écriait :

« Il vaut mieux écouter ceux qui vous crient
« de loin de soulager leur misère que ceux qui

« vous disent à l'oreille d'augmenter votre
« fortune. »

Sa charité était universellement connue ; et
en parcourant n'importe quel lieu d'hospitalité,
de secours, d'enseignement et de compas-
sion, on pensait forcément et malgré soi
à Mme Quatremère. Peu à peu les personnes
charitables de Paris s'habituèrent à centraliser
leurs offrandes entre ses mains. Sa réputation
pénétra même jusque dans le palais archiépis-
copal. Mgr de Beaumont, quand il la voyait
arriver, lui disait : « A combien me taxez-vous,
madame Quatremère ? » et il lui donnait tout
ce qu'elle demandait pour ses pauvres. Un jour
le même prélat fit son éloge publiquement
dans un repas où se trouvaient réunis plusieurs
archevêques et chevaliers de Saint-Louis.
Comme la conversation tombait sur elle :
« J'aime, dit-il, cette petite femme, c'est
dommage qu'elle soit janséniste ! Mais je ne puis
rien lui refuser. »

Bien qu'elle fît ses aumônes avec la plus
parfaite discrétion, l'affluence des malheureux
chez elle devint absolument inouïe : ouvriers,
gens des faubourgs, pauvres honteux, avocats,
marchands, chevaliers de Saint-Louis, dames
de condition, qui n'osaient qu'à elle seule

avouer leur détresse. Ils y sont tous reçus avec les marques d'une tendre sollicitude, et si elle laisse transpirer quelques préférences, c'est pour ceux qu'un excès de misère, de plaies, d'ulcères rend méconnaissables et hideux. Elle les fait asseoir avec leurs enfants et sur des fauteuils, examine leur situation, panse leurs plaies, leur fournit des médicaments, leur assure pour l'avenir des logements propres et sains et les reconduit elle-même jusqu'à sa porte. Et cela tous les jours ou à peu près : pendant le repas, elle les faisait introduire, et comme le bon roi Robert de France, elle leur donnait les mets qui étaient sur la table. Si elle était souffrante, elle les admettait même dans sa chambre et causait dans son lit avec eux.

En 1775, on lui envoya de Sens un vieux prêtre et ses trois sœurs, dans la plus profonde détresse. Ne calculant point les difficultés de l'entreprise, elle les loge, les nourrit, et leur assure ultérieurement un sort pendant toute leur vie.

Un père et sa fille, d'une très honorable famille protestante, s'étaient brouillés avec elle et en avaient été déshérités pour avoir embrassé le catholicisme.

Mme Quatremère accomplit encore pour eux le même prodige, et elle les entretient chez elle jusqu'à leur abjuration. Pour la célébration de cette cérémonie elle se rend chez Mgr de Beaumont, archevêque de Paris, pour le consulter.

« Je ne vous demande pas, madame Quatremère, lui dit-il, si les nouveaux convertis sont bien instruits et qui les a instruits ; je m'en rapporte entièrement à vous : Je donne la permission de leur faire faire abjuration et de choisir la paroisse que vous jugerez à propos. »

Elle fut aussi plusieurs fois marraine en même temps que son mari parrain d'enfants juifs convertis au catholicisme, et fit instruire plusieurs de ces jeunes gens avec ses propres fils.

Sur son intervention, le même archevêque de Paris, levant l'interdit dont il avait frappé l'abbé Géry, de Sainte-Geneviève, l'autorisa à prêcher pour la cérémonie du baptême d'un enfant juif, qu'elle fit élever plus tard, à ses frais, aux Vertus, près de Paris.

« Vous savez bien, dit Mgr de Beaumont à Mme Quatremère, que j'ai et depuis longtemps interdit l'abbé Géry. — Oui, Monseigneur, mais je sais aussi que Votre Grandeur peut le rétablir. — Vous le voulez donc bien, madame Quatremère, eh bien, j'y consens. »

Le lendemain de la confirmation, elle se rendit à l'archevêché pour remercier Mgr de Beaumont, et lui présenter son jeune néophyte. Comme ce prélat offrait à Mme Quatremère de lui venir en aide, si la situation future du jeune homme l'exigeait, elle déclina cet honneur, déclarant qu'elle tenait à subvenir seule à ses besoins.

Les jeunes filles étaient, de sa part, l'objet des soins les plus jaloux ; afin que leur honneur fût à l'abri, elle les logeait, les nourrissait chez elle, jusqu'à ce qu'elle leur eût trouvé une situation honorable. Elle prit l'une d'elles comme dame de compagnie, et en maria une autre avec un jeune commerçant d'une honnête famille ; son mari et elle assurèrent à ce ménage une dot de six mille livres après avoir payé tous les frais de la noce.

Si par hasard dans les rues de Paris, on lui signalait des malheureuses que la misère avait conduites à la débauche et capables de se repentir, elle leur faisait parvenir un lit, un trousseau, quelques douceurs, leur assurait un logement et leur rendait de fréquentes visites afin de les entretenir dans ces bons sentiments.

Elle avait même de la pitié pour ces délaissées qui en paraissent le plus indignes, pour les filles-mères, et les assistait dans leurs couches. « Il faut tout faire, pour Dieu », disait-elle ; et elle mettait autant d'empressement à les relever de la chute que pour la prévenir.

Le Palais-Royal, sous la Révolution, personne ne l'ignore, était le rendez-vous de la plus haute société comme aussi de tous les désœuvrés de Paris ; et toutes les déclassées, que des revers intimes ou la misère avaient jetées dans la fournaise du vice, avaient également adopté ce séjour et s'y rencontraient quotidiennement en grand nombre.

Ces détails n'avaient pas échappé à Mme Quatremère qui, de plus, avait, par ouï dire, acquis la certitude que, parmi elles, beaucoup, lasses de cette vie infâme, ne demandaient qu'à s'affranchir d'une sorte de faux respect humain pour la répudier.

Elle eût bien voulu, elle-même, accomplir cette action méritante, car c'était pour elle un horrible supplice de Tantale que de savoir des femmes égarées dans la voie du mal, et implorant qu'on les ramène vers celle du bien, et de ne pouvoir leur tendre un bras protecteur.

Mais le nom qu'elle portait, le rang qu'elle

occupait dans la haute bourgeoisie, sa situation de mère et d'épouse, tout lui interdisait de se trouver confondue dans ce milieu.

Aussi confia-t-elle ses peines à une amie discrète, et dont le même courage n'était pas entravé par les mêmes obstacles.

Cette dame, héroïquement, se promenant chaque soir dans la Galerie de Bois, scrutant les visages, sondant les cœurs, et amorçant un bref dialogue, ramenait à son amie, Mme Quatremère, une légion de malheureuses que celle-ci entretenait complètement, chez elle, jusqu'à ce que le repentir absolu et la situation qu'elle ne manquait pas de leur procurer, les eût replacées dans un rang de la société.

La sollicitude de cette vénérable femme s'étendait aussi sur les pauvres étudiants et les petits enfants. Un jour, en revenant de la messe, elle trouve sa maison en émoi. Un bébé avait été abandonné et déposé devant la porte d'un locataire. Plusieurs personnes attirées par les cris du petit être, s'accordèrent à dire que c'était à Mme Quatremère qu'il était destiné, bien qu'il fût placé devant une autre porte. Elle le fait sevrer chez elle, et le met en pension à Montmorency. Il promettait beaucoup et

elle l'avait pris en grande affection. Mais une
riche demoiselle l'adopta avec l'assentiment de
Mme Quatremère qui ne consentit à s'en sépa-
rer que dans la pensée de pouvoir être utile à
d'autres enfants et avoir considéré que l'adop-
tion serait plus profitable à celui-ci en particulier.

Un insigne honneur allait récompenser cet
apostolat de charité. Mme Quatremère avait
été choisie, en 1767, comme trésorière des pauvres de sa paroisse, une des plus importantes
de Paris, celle de Saint-Germain-l'Auxerrois.
Elle avait auparavant allégué ses nombreux
enfants, son tempérament délicat et l'impor-
tance de sa maison, mais à l'unanimité elle
avait été nommée à la fois par le curé, les mar-
guilliers et les deux sociétés d'hommes et de
dames des pauvres honteux et des pauvres
malades. Elle se crut alors investie d'une mission et tenue d'accepter. Et tous les trois ans,
jusqu'à sa mort, la même unanimité se rencontra dans le vote qui l'acclamait trésorière.

L'évêque de Sens, visitant un jour le curé de
Saint-Germain-l'Auxerrois et ayant appris avec
quel héroïsme Mme Quatremère, encore jeune
et frêle de tempérament, visitait les repaires,
les greniers les plus hideux et les plus infects,

proclama que « *ce qui le frappait le plus à Paris, c'était de trouver une paroisse ayant une trésorière de ce mérite* ».

Et elle était également nommée, à l'unanimité, trésorière au Grand et au Petit Châtelet et à la Conciergerie.

Les membres de la société *La Philanthropie*, qui comprenait huit cents personnes, répétaient souvent :

« *Madame Quatremère nous vaut tous à elle seule.* »

Pendant ces fonctions elle reçut des dons princiers. Mme la comtesse d'Harcourt lui laissa, entre autres, pour ses œuvres, une rente considérable, qu'elle destina à l'élargissement des pauvres détenus pour dettes de commerce.

Elle comprenait instinctivement combien elle était indispensable dans les assemblées de charité ; aussi le jour des réunions, elle affrontait tous les obstacles et oubliait tous les malaises pour y paraître.

Enfin, à la cour du roi même, son nom inspirait la vénération. Quand Mme Quatremère apprenait que la reine Marie-Antoinette approchait du moment où elle allait donner le jour à un enfant de France, elle écrivait à la prin-

cesse de Chimay, dame d'honneur, la suppliant
de vouloir bien témoigner à celle-ci en son
nom et au nom de la Nation, l'intérêt qu'elle
prenait à son heureuse délivrance ; et elle en
profitait pour rappeler que, dans sa paroisse,
il se trouvait une vingtaine de femmes en
couche, sur le sol ou sur la paille. Et la reine
faisait parvenir 25 louis à Mme Quatremère.

L'Hôtel-Dieu en 1772

IV

La charité que Mme Quatremère prodiguait
aux pauvres soit dans leurs propres réduits,
soit chez elle, ne suffisait pas à son activité
bienfaitrice. Elle devait accorder à son dévouement un cadre plus vaste encore en jetant les
yeux sur les hôpitaux et en particulier sur
l'Hôtel-Dieu où, pendant plusieurs années, elle
donna le spectacle le plus digne d'admiration.
Mêlée et confondue avec les religieuses et filles
de service, procédant elle-même à leurs panse-
ments, elle prodiguait les soins les plus vils
aux maux les plus hideux et les plus contagieux.
Une malade de cet hôpital, atteinte d'un cancer
au sein, ne consentit à supporter l'opération
qu'en présence de Mme Quatremère. En pareil
cas cette vaillante femme aurait passé des
nuits entières, tout sacrifié, même ses exer-

cices de dévotion les plus chers, pour voler
vers l'asile de la souffrance, s'écriant :

« Il faut laisser Dieu pour Dieu. »

Dans les cas pressants, elle allait elle-même
chercher le médecin ; d'autres fois elle stimu-
lait le feu sacré des religieuses qui se trouvaient brisées d'émotion et de fatigue.

La vivacité de son langage, son maintien,
ses gestes, tout exprimait sa souffrance à la
vue des maux et sa joie de contribuer à les
alléger. Elle était aussi la conseillère spirituelle des malades, et l'état de leur âme la
préoccupait autant que celui de leur corps, elle
ne quittait leur chevet qu'après les avoir con-
solés, réconfortés, pénétrant parfois même, pour
adoucir leurs peines, dans les angoisses les plus
intimes de leur cœur.

Les religieuses et le personnel de l'hôpital
avaient pour elle la vénération la plus profonde,
et quand elle apparaissait, comme toutes les
filles de service s'effaçaient avec la déférence
la plus respectueuse sur son passage, elle les
réprimandait doucement, alléguant « qu'elle
était leur sœur et que toute différence de rang
n'existait pas ». On en était enfin arrivé, même
dans ce temple du dévouement et de l'abnéga-

tion, à la considérer comme le modèle parfait de la douceur, de l'humilité, du zèle et de la charité.

Son mari, qui tout d'abord avait ignoré qu'elle s'exposait, elle si faible, dans ces foyers de maladies graves et épidémiques, la réprimanda doucement, lui faisant comprendre le danger immense qu'elle courait. Elle répliqua « que sa volonté était arrêtée sur ce point, que ni les obstacles, ni les supplications ne la feraient changer, *quand on lui donnerait le royaume de France.* »

Mais elle comptait sans des malaises graves et des infirmités qui la retenaient par force à la chambre. Se dédommageant alors et voulant quand même se rendre utile à l'Hôtel-Dieu, elle faisait parvenir dans cet hôpital des chemises et plus de 400 par an.

Aussi les religieuses, quand Mme Quatremère arrivait au terme de ses grossesses qui étaient toujours pénibles, se mettaient toutes en prières au nombre de cent, demandant l'heureuse délivrance de leur bonne protectrice. Deux d'entre elles, qui devaient, par la suite, être appelées à lui rendre le douloureux et pénible devoir de l'habillement mortuaire, fidèles interprètes de toutes leurs autres com-

pagnes, attestèrent dans cette suprême circonstance, combien toute la corporation était convaincue de sa *sainteté*. Comme la cuisinière et
la femme de chambre, affolées de chagrin, ne
trouvaient pas la force d'aider les deux religieuses, celles-ci s'écrièrent : « Dieu nous a, il
est vrai, enlevé son âme, mais il faut vous féli-
citer qu'il nous permette de pouvoir encore
disposer de *son corps* qui *est une relique*. —
Allons, mes filles, du courage ! »

Chaque semaine, elle faisait conduire à l'hôpital un pauvre par sa femme de chambre, et
s'il ne pouvait s'y rendre à pied, elle payait un
véhicule. Ses pauvres étaient les favoris de la
maison, tant on était certain qu'ils étaient
dignes d'intérêt ; traités avec des égards particuliers, on leur donnait à chacun un lit, ce qui
était encore une faveur insigne pour l'époque !
Mais l'Hôtel-Dieu qui avait déjà eu à souffrir
d'un grave incendie le 2 août 1737, fut, le 30 décembre 1772, presque totalement embrasé dans
la nuit, vers deux heures du matin. En un instant tous les bâtiments occupés par les divers
services, comme les boucheries, la fabrique de
chandelle, le bûcher, les écuries, le grenier à
paille furent la proie des flammes. L'incendie
se développant avec une rapidité effroyable

gagna le logis des religieuses, les grandes salles de l'infirmerie, la salle Saint-Louis et la salle du Légat (1).

On imagine la terreur des malades sautant affolés et tout nus de leurs lits et cherchant partout une issue. Les secours furent insuffisants, et puis il fallait combattre le fléau sur trop de points à la fois. La moitié de l'hôpital ne forma bientôt plus qu'un immense brasier. De nombreux malades s'entassèrent dans la chapelle Sainte-Agnès près du Petit-Pont, d'où on les entendait du dehors, supplier la foule de défoncer les portes. L'incendie poursuivit ses ravages pendant onze jours. On ne parvint que le 11 janvier à étouffer le dernier foyer de l'incendie qui s'alimentait dans les caves parmi les débris. Lors du déblaiement on ne marchait que sur des cadavres calcinés et on ignora tou-

(1) Elle contenait 100 lits. Antoine Duprat, ministre de François I", la fit construire à ses frais. Entré dans les ordres à la mort de sa femme, devenu cardinal en 1527 et légat du pape en 1530, il fut un des agents de la mort du connétable de Bourbon, et contribua à le jeter dans les bras de Charles-Quint. Il était universellement détesté de la noblesse et du peuple. Le roi lui-même ne faisait que le supporter. Ne dit-il pas, en effet, lors de la construction de cette salle : « Elle ne sera jamais assez grande pour tous les malheureux qu'il a faits. »

jours le nombre exact des victimes. Les malades qui avaient pu s'enfuir s'étaient réfugiés à Notre-Dame dont l'archevêque avait fait ouvrir les portes : quand il vint les visiter il ne put en compter que quatre cent cinquante. Le désastre était incalculable, et la perte matérielle évaluée au chiffre énorme, pour l'époque, d'un million.

C'est alors que l'archevêque, Mgr de Beaumont, engage les personnes charitables du diocèse à faire une souscription générale. Ce sinistre devient un nouveau stimulant pour l'ardeur du zèle et de l'inépuisable charité de Mme Quatremère.

Quoique faible et souffrante, on est stupéfait de la voir frapper de porte en porte et monter jusqu'aux derniers étages de toutes les maisons. Elle recueille par la parole et par l'exemple de nombreux adeptes pour ses collectes. La quête produisit deux millions, *et tout Paris apprit que, grâce à elle, l'hôpital de l'Hôtel-Dieu pouvait contenir plus de lits et de pauvres malades qu'avant l'incendie.*

V

Nous savons qu'elle ne reculait devant aucun obstacle, aucune fatigue et n'éprouvait
aucune répulsion pour accomplir jusqu'au
bout son apostolat de charité. Elle se complai-
sait également à visiter fréquemment les prisonniers, et, pour comprendre tout le sacrifice
qu'il y avait alors à remplir ce devoir, il est utile
de jeter un coup d'œil rapide sur les cachots
de son temps. Les antres immondes privés
d'air et de lumière où gisaient, pêle-mêle,
hommes, femmes, vieillards et enfants, étaient
des réduits de quinze pieds carrés environ
constituant le plus odieux supplice. La moitié
des détenus dormait forcément sur un sol si
humide que les nattes à coucher ne formaient
plus du jour au lendemain qu'un sordide fu-
mier : les vases, pour satisfaire aux besoins
naturels, n'y étaient vidés que deux fois par
semaine ! Beaucoup trouvaient la mort dans

l'atmosphère empestée de ces cloaques. Ceux qui y résistaient avaient l'aspect de cadavres. « Tout disait, jusqu'à l'air qu'on en respirait, qu'on approchait d'un lieu de force, de misère, de dégradation et d'infortune (1). » Un condamné à mort était-il gracié, c'est dans cette fosse que cette clémence exceptionnelle l'enchaînait pour la vie; ceux qui y entraient coupables d'un délit léger, n'en sortaient qu'avec le germe de maladies incurables, et le penchant invincible aux crimes et aux vices avec lesquels ils avaient eu l'occasion de se familiariser.

En 1769, par exemple, on traita les pauvres avec une barbarie indigne. On vit des enlèvements nocturnes, des vieillards, des femmes et des enfants perdirent tout à coup la liberté et furent jetés dans ces prisons, côte à côte avec des criminels, des fous, des idiots. On fut étonné, quelque temps avant la Révolution, de voir surgir de terre d'immenses théories d'inconnus et effroyablement farouches, et vêtus de haillons. On les appellera « brigands ». « Ce sont des étrangers, se dira-t-on, appelés et soldés pour le pillage, va-nu-pieds, gens de

(1) Mercier.

taverne, tourbe hideuse vomissant l'injure et puant la misère. De quels repaires reculés sortaient ces bandes de gueux? Des huttes de la banlieue, des caves et des greniers des faubourgs, où ils s'enfouissent plutôt que d'aller demander à l'hospitalité administrative un refuge plus triste encore (1). »

Quand Malesherbes visita les prisons, il vit avec effroi que des innocents pourrissaient dans cette fange infâme.

« Il en résulte, Sire, dit-il au roi, qu'aucun citoyen de votre royaume n'est assuré de ne pas voir sa liberté sacrifiée à une vengeance ! »

C'est dans ces lieux d'horreur et même dans ce qu'on appelait les infirmeries (2) des prisons, que Mme Quatremère n'hésitait point à séjourner, pour apporter le parfum de ses consola-

(1) Maxime du Camp.

(2) A la Conciergerie, par exemple, c'était un boyau de 25 pieds de large sur 180 de long, fermé aux deux extrémités par une grille de fer, à peine éclairé par deux fenêtres en abat-jour, fort étroites, où régnait un tourbillon de corruption et de méphitisme : 40 à 50 grabats, et dans chacun 2 ou 3 personnes atteintes de maladies différentes ; nulle hygiène, aucun souci de purifier l'air, les morts laissés plusieurs heures à côté de leurs compagnons de lit, parce qu'il y avait une heure spéciale pour leur transport et le jour seulement !

tions et la chaleur de ses exhortations. Le concierge du Petit-Châtelet ne pouvait s'empêcher de contempler cette femme si frêle et si maladive, émerveillé de la force qu'elle acquérait pour prodiguer ses soins et ses aumônes dans ces caves pestilentielles. Mais le cœur de cette bienfaitrice saignait à la vue d'un spectacle aussi navrant ; elle sortait désolée, se promettant bien d'employer toute son énergie et toute son influence pour essayer de remédier à un si déplorable état de choses.

Plusieurs fois elle en avait témoigné son chagrin à son fils cadet. M. Quatremère de Roissy, conseiller au Châtelet ; elle le chargea même d'exposer ses doléances au lieutenant-criminel, lui traçant en termes amers le tableau de ces désordres et de ces misères. N'étant point satisfaite dans ses réclamations, elle prit le parti de s'adresser à Mme Necker dont elle connaissait la sollicitude pour les malheureux, et lui présenta, avec son assentiment, un mémoire instructif et détaillé.

Peu après les prisons purent être visitées plus régulièrement ; mais le concierge restait toujours un grand personnage qui conservait, par adjudication, le soin de distribuer le pain, l'eau et quelques lambeaux de couvertures aux prisonniers ; puis le gouvernement permit des quêtes et des associations charitables de secours ; les chirurgiens purent enfin franchir le seuil des prisons. On allait pénétrer peu à peu dans l'ère des améliorations qui ne devaient véritablement être réalisées qu'un demi-siècle plus tard.

Mais Mme Quatremère ne se borna pas à apporter dans ces cachots des aumônes et des consolations. Précieuse auxiliaire de la justice, elle y fit pénétrer la vive lumière de la vérité et éclater l'innocence injustement méconnue.

Le grand pénitencier de Chartres avait été assassiné, et trois hommes accusés de ce forfait languissaient depuis plusieurs années déjà dans les cachots de la Conciergerie. Maintes fois ils s'étaient traînés aux pieds de Mme Quatremère, criant leur innocence avec tant de désespoir et de sincérité, qu'envahie par l'émotion et la pitié, et convaincue de la véracité de leur récit, elle leur jura de s'employer en leur faveur.

M. Robert de Saint-Vincent, conseiller de grand'chambre, était rapporteur de cette affaire. Sa grande religion et la vénération qu'il avait pour Mme Quatremère, permirent à celle-ci de lui confier plus aisément ses soucis. Sans préambule elle l'aborde :

« Est-ce vous, le magistrat rompu aux affaires criminelles, et recommandable en plus par son intégrité et sa piété, qui laissez croupir si longtemps des malheureux dans des cachots? Pourquoi ne travaillez-vous pas? Ignorez-vous que depuis tant d'années, ces gens sont à la charge des pauvres? S'ils sont coupables, il y a des lois et vous les connaissez; s'ils sont innocents, quelle cruauté de les laisser souffrir ainsi et si longtemps !.... »

Elle ne borna pas là sa plaidoirie, elle tint à peu près le même langage à M. Gourgues, président de la Tournelle. Elle fut si insinuante auprès de lui, et le questionna avec tant de compétence, qu'elle finit par obtenir l'aveu « qu'il n'était point absolument certain de leur culpabilité !... qu'il y avait bien du « louche » dans cette affaire ».

Elle s'empare et s'arme de cette parole : elle écrit à Chartres sur-le-champ; on fait de nouvelles perquisitions, elle envoie ses conseils, ses avis, sans relâche, dépêche tous ses amis à Chartres. Enfin on finit par recueillir des preuves si fortes de l'innocence des trois inculpés, que contre l'avis même du rapporteur, ils furent absous.

Mis en liberté par arrêt du Parlement, ce fut vers leur libératrice qu'ils dirigèrent leurs premiers pas. Elle les reçut avec une véritable joie et les fit loger et nourrir à ses frais, puis après les avoir réconfortés par de pieuses et sages exhortations, elle leur donna l'argent nécessaire pour gagner leurs pays respectifs.

Les criminels les plus atroces, qui avaient commis des forfaits que l'on ne sait guère pardonner et dont la culpabilité était avérée, trouvaient dans la bouche de Mme Quatre-mère, le mot d'oubli et de paix, que tout le monde leur refusait. Elle considérait, en effet, qu'ils avaient d'autant plus besoin de consola-tions qu'ils s'étaient plus égarés de la voie du droit et du bien ; elle songeait que dans un naufrage, quand le navire va sombrer, on cherche uniquement à sauver le plus de passa-gers possible, sans faire en ce moment suprême la moindrè sélection morale ou philosophique.

Parmi ces prisonniers prédestinés au dernier supplice, le fameux voleur Poulalier l'écoutait avec une docilité surprenante, la suppliant de ne point l'abandonner et de revenir le voir.

Elle le lui promit, et le fit tous les jours ou à

peu près. Plusieurs fois, cependant, étant trop souffrante, elle pria une de ses amies de la suppléer, puis elle accomplit cette mission jusqu'au dernier jour.

Auparavant, ce voleur fut malade ; elle eut le soin de lui apporter de son bouillon et des remèdes. Poulalier prit sa bienfaitrice en si grande affection qu'il versait des larmes lorsqu'il fallait qu'il se séparât d'elle. Il devait également lui conserver la plus vive reconnaissance.

Sa dernière parole fut un mot de remerciement pour elle. Au moment, en effet, où il sortit du Châtelet pour être conduit au supplice, il s'arrêta, et cria tout haut : « *Qu'il priait qu'on voulût bien aller de sa part remercier Mme Quatremère des peines qu'elle avait prises pour lui* » ; et arrivé place de Grève, il devait encore, à haute voix, avant de périr, « *se recommander aux prières de la bonne Mme Quatremère* ».

Immense est la liste de ceux qu'elle a préservés par ses sollicitations, soit du dernier supplice, soit d'autres peines infamantes ; et chaque fois qu'il y avait le moindre doute sur la culpabilité d'un prévenu, il n'était pas de moyen légitime qu'elle n'employât pour obtenir un élargissement. Si par hasard elle se défiait de son crédit, ou de sa force, elle s'adressait aux grands et aux puissants qui avaient l'honneur de la compter dans leurs relations, tels que le maréchal de Mouchy (1), la duchesse de Duras, M. de Miromesnil, le garde des sceaux, qui s'entremettaient pour lui donner satisfaction.

En un mot, elle donnait le spectacle le plus touchant et le plus édifiant, souvent elle descendait dans les cachots escortée d'une nombreuse affluence où on se montrait les dames de la plus haute noblesse, fières de se trouver en la compagnie d'une femme dont tout Paris vantait publiquement la vertu.

Une fois, Mme la Princesse de Chimay fit prévenir Mme Quatremère qu'elle viendrait la prendre pour l'accompagner au Châtelet. Justement cette vaillante femme était alitée et fortement indisposée : elle réfléchit un instant, et comme elle n'ignorait pas que les pauvres ne

(1) Il devait être exécuté comme noble en 1794 ; il fit au tribunal révolutionnaire cette fière réponse : « A 16 ans je suis monté à la tranchée pour mon roi, à 80 ans je gravis l'échafaud pour Dieu. » Mme de Duras devait subir le même sort. En prison elle apprend à faire la cuisine, et cache son briquet de peur qu'on ne le lui confisque comme arme dangereuse, et qu'on ne le place dans l'arsenal révolutionnaire.

pouvaient que bénéficier d'un exemple venu
de si haut, elle fit répondre au domestique
qu'elle attendrait la princesse (1).

(1) La princesse de Chimay devait se trouver, le
9 Thermidor, sur la dernière charrette avec la princesse de Grimaldi-Munaco-Stainville. Tout le monde
connaît le subterfuge admirable que cette dernière
inventa pour pouvoir léguer à ses enfants sa chevelure
non souillée par les mains du bourreau.

Avertie qu'elle doit subir le dernier supplice, elle se
déclare enceinte ; puis rapidement coupe ses cheveux
avec un morceau de verre et les joint à une lettre
restée célèbre et adressée à ses enfants (qui furent plus
tard Mmes les marquises de Louvois et de la Tour-du-
Pin).

Mais comme ce stratagème atteignait son honneur
d'épouse et lui répugnait, elle ne le laissa subsister
que le temps nécessaire pour accomplir ce suprême
devoir, et solennellement déclara son mensonge. Elle
eût attendu une demi-journée de plus, elle échappait
à la dernière hécatombe du dernier jour de la Terreur.

VI

Un effroyable fléau, allait couronner la vie déjà si édifiante de Mme Quatremère, en lui permettant, malgré des infirmités croissantes et une santé à peu près compromise, mais pourtant avec un zèle et un empressement infatigables, de jouer, « *pour le service de la charité et de la nation en général, un rôle public à Paris* » (1).

L'hiver de 1783-1789 débute terrifiant, cruel, glacial, pour les pauvres, pour les paysans, les ouvriers. Déjà six mois auparavant une grêle inouïe avait promené d'impitoyables dévastations sur soixante lieues de pays, détruisant toutes les récoltes sur pied. Le peuple, en chaque région, retient les blés : tout négoce de grains est taxé d'accaparement. Le ministère en vain demande à acheter ; l'effroi entrave tout : de toutes les provinces arrivent les nouvelles

(1) *Journal de Paris*, ci-après cité.

d'une famine terrifiante. Le renchérissement du pain avait déjà provoqué des révoltes à Rouen et à Gisors. La bise vient par surcroît s'ajouter à la disette. On meurt de faim et de froid, et on heurte sur le pavé un nombre incalculable de cadavres. Un hospice de Paris, celui de la rue Neuve-Paul, est spécialement affecté au transport des personnes qu'on ramasse « saisies de froid ». Dès le 26 novembre la Seine est gelée et on traverse à cheval la Loire, la Garonne et le Rhône ; la mer est couverte de glace à deux lieues de distance : les communications entre Douvres et Calais sont supprimés ; le bassin de Marseille est pris tout entier Le thermomètre Réaumur marque 30° au-dessous de 0 le 25 décembre 1788. Les porteurs d'eau sont obligés de casser la glace de la Seine pour y puiser, et l'eau se vend six sols la voie...

La situation de Paris était un sujet de terreur ; la vie de ce corps énorme qui absorbait deux cent six millions de pains par an pour nourrir ses sept cent mille habitants était suspendue à un fil. Que serait-il arrivé si la redoutable capitale affamée, réduite au dernier degré de la détresse et sous l'aiguillon de la mort, se fût ruée sur les hôtels et certains palais où un

luxe effréné était encore étalé. On connaît
l'exode des femmes et des gens des faubourgs
armés de bâtons et de piques sur Versailles.
Le roi ne dut son salut qu'à son sang-froid, à
une rare présence d'esprit et à la promesse
formelle de donner du pain.

L'archevêque de Paris, Mgr de Juigné (qui
du reste s'endetta de 400.000 livres pendant cet
hiver), exhortait en ces termes ses fidèles dans
sa lettre pastorale de janvier :

«... Dites-vous à vous-mêmes que pendant
que nous sommes environnés de tout l'apparat
du luxe et de toutes les précautions de la mol-
lesse, combien de pauvres exposés dans leurs
tristes réduits à toutes les injures de l'air, sans
vêtements, sans feu, sans aliments ! Combien
de pauvres artisans dont les mains engourdies
ne peuvent manier les instruments de leurs
travaux, combien de pauvres malades étendus
sur un lit de douleur, et qui n'ont pour se cou-
vrir que de misérables lambeaux et qui éprou-
vent avec toutes les autres souffrances, les
rigueurs du froid plus cuisantes encore... »

Ce prélat ne pensait-il pas à Mme Quatremère, quand, sans vouloir la nommer pour ne
pas offenser sa profonde humilité, il ajou-
tait :

« Trois personnes se sont engagées de donner d'une façon indéfinie la soupe à cent pauvres par jour... »

Elle fut en effet leur providence. Non contente de sécher les larmes de ceux qui allaient expirer faute de pain et de bois, elle les réchauffait avec un gigantesque brasier qu'elle faisait entretenir nuit et jour devant son habitation.

Le jour, elle faisait dresser sous la porte cochère de sa maison une table sur laquelle était posé un plat de métal contenant des pièces d'argent. C'était une façon aussi discrète qu'intelligente d'inviter les passants à contribuer à ses aumônes.

Mais elle rejetait, par contre, tous les procédés de faire le bien pouvant laisser la plus petite place à la publicité et satisfaire tant soit peu l'amour-propre extérieur.

Le *Journal de Paris,* qui durant cette terrible disette s'était fait, dit Mercier, pour encourager quelques zèles vaniteux, « le véhicule des prompts secours et le héraut des calamités publiques », ne vit jamais figurer le nom de MME QUATREMÈRE en toutes lettres, sur sa liste quotidienne des offrandes, pour les victimes des rigueurs de cet hiver.

Avec une véritable intuition du désastre qui accablait Paris en ce moment, elle avait eu, longtemps auparavant, le soin de faire des provisions extraordinaires de bois de tous prix et de toutes dimensions, de mottes, de poussier de charbons ainsi que de toutes sortes de légumes et de denrées cuites.

Malgré la cherté du pain, et la difficulté de s'en procurer même à un prix exorbitant, elle trouvait moyen d'en faire venir chaque jour et du meilleur, en quantité suffisante pour n'en refuser à personne.

Tous les jours et durant de longues heures, on voyait, par ce froid épouvantable, cette femme si délicate, si faible, si maladive, comme transfigurée par la joie de faire le bien, accomplir des prodiges d'endurance et de fatigue.

Stationnant debout, elle opérait elle-même ses distributions et de ses propres mains ; elle ne consentait à se faire aider de sa femme de chambre que lorsque la cohue des affamés devenait par trop considérable.

Le nombre de ceux qui se présentèrent fut incalculable : il en vint non seulement de tous les quartiers et faubourgs de la capitale, mais encore des villages de toutes les régions voisines, ils se dirigeaient par troupes, disaient-ils, *parce qu'on leur avait appris qu'il y avait sur le quai de l'École une bonne dame bien charitable qui ne refusait personne.* Le vestibule de sa maison (1) et même son escalier étaient remplis de pauvres les jours où elle ne faisait point ses distributions ; la circulation se trouvait obstruée au point que les relations de Mme Quatremère qui venaient lui rendre les visites du premier de l'an avaient toutes les peines du monde à se frayer un passage et à atteindre les appartements. Et alors émues par ce spectacle et voulant, elles aussi, participer aux bonnes œuvres de celle qu'elles allaient visiter, toutes ces personnes distribuaient des pièces d'argent et se cotisaient instantanément pour recueillir de grosses collectes.

Mais les pauvres, les infirmes, les vieillards et les enfants que leur état empêchait de se rendre jusque chez elle n'étaient point pour cela privés de ses secours. Ils recevaient par l'intermédiaire de commissionnaires les provisions dont ils avaient besoin.

Malgré les sages et douces observations de son mari, elle s'était volontairement réduite à

(1) Elle existe encore.

ne plus posséder, durant ce rigoureux hiver,
que quatre robes et autant de chemises ; et
comme il insistait, elle répliquait que si elle
en avait plus, elle les distribuerait immédiatement aux premières femmes pauvres qui se
présenteraient. A son insu encore, elle épui-
sait la garde-robe de celui-ci au profit des malheureux, et distribuait ses vêtements, ses
chemises et coupait même les draps du ménage
pour en confectionner des chemises de femmes
ou des draps d'enfants ; et il finissait par feindre
l'ignorance, ne voulant pas troubler la joie de
cette âme si compatissante.

Mme Quatremère n'avait guère le temps,
comme on le voit, de fréquenter beaucoup le
monde ; ses occupations charitables et sa santé
maladive, les soins de son ménage qui n'était
pour cela en rien négligé, l'éducation de ses
nombreux enfants, tous ces obstacles l'en
éloignèrent peu à peu. De plus elle était née
avec un naturel timide ; mais quand il s'agissait de l'intérêt des pauvres, elle était armée
subitement d'une hardiesse extraordinaire et
trouvait alors la force de se présenter devant
les plus hauts magistrats, les ministres du roi
même.

La disette persistait et si cruelle que, malgré

son activité et sa prévoyance surhumaines, Mme Quatremère pouvait craindre que les ressources ne vinssent à lui manquer. C'est alors qu'elle se rendit elle-même chez Turgot, le ministre de Louis XVI, qui la reçut avec toutes les marques d'une véritable vénération, et lui présenta un mémoire très documenté sur la situation et les moyens d'y pourvoir. Après un mûr examen de ce rapport, Turgot fit expédier à chaque curé de paroisse, 800 livres de riz *et autant pour Mme Quatremère en particulier,* attention extraordinairement touchante qui prouve combien ce ministre estimait ses vertus.

Dans une visite que fit M. Quatremère au mois de janvier au curé de Saint-Eustache, la conversation tomba naturellement sur la rigueur excessive du froid et la misère effroyable qui régnait à Paris. « Je crois bien, dit ce prêtre, qu'on ne peut pas se plaindre de nous, car certainement MM. les curés se sont bien montrés ; *mais Mme Quatremère a fait en cette circonstance fonction de curé.* » Tous les prêtres des paroisses de Paris surent que c'était *à elle* que leurs paroissiens pauvres étaient redevables des libéralités exceptionnelles de Turgot, et ils vinrent tous la remercier.

Mais les services qu'elle devait rendre à la capitale en ce moment critique ne se bornaient pas seulement à ses aumônes incessantes et à ses inépuisables largesses ; elle devait jouer un rôle plus précieux et plus grandiose encore sans bruit, sans ostentation et avec un à propos de tous les instants. En faisant ses distributions charitables, elle avait souvent l'occasion de surprendre de sourds mécontentements à peine contenus, et elle sentait bien que c'était uniquement par respect pour sa personne que la colère populaire était comprimée. Le danger devenait national, elle le comprit, et en véritable patriote, sondant jusqu'au fond de l'âme les pensées de ceux qu'elle secourait, elle joignait le conseil à l'aumône ; elle exhortait chacun à la modération, à la douceur, à la patience, à la concorde, à la fraternité, à la soumission aux lois de la nation, et cela avec tant de persuasion, de force et de conviction, que l'orage menaçant était immédiatement dissipé ; chacun s'en allait sinon entièrement content, du moins rassuré par ses paroles de sagesse et d'humanité.

N'est-ce point son portrait en ces circonstances difficiles, que peint Mercier, quand il s'écrie : « *Ces âmes charitables font plus pour l'ordre et la tranquillité publique que toutes les lois sévères de la police. Sans ces bienfaitrices, le frein politique serait brisé à chaque instant par la rage et le désespoir; si la masse des calamités publiques est arrêtée, nous le devons à ces âmes célestes.* »

Dans ces calamités, Mme Quatremère, tout en restant à la tête de sa croisade pour le soulagement des déshérités de l'hiver, trouvait le temps néanmoins de visiter ses malades, et même les jeunes femmes en couche. Elle était si réconfortante dans ces circonstances difficiles de la vie d'une femme, qu'elle était réclamée par toutes les jeunes mères.

Ou bien encore, répondant à un désir exprimé longtemps à l'avance par certaines personnes, elle se présentait à leur chevet pour les aider à faire le sacrifice de la vie et les armer de courage pour affronter le voyage suprême. Dès qu'elle apprenait que ces personnes à qui elle avait promis son concours étaient atteintes assez gravement pour que leurs jours fussent en danger, elle quittait soit sa table soit même son lit ; et ni le jour, ni la nuit, aucun obstacle n'aurait pu l'empêcher d'atteindre son but. Elle volait chez le malade et lui prodiguait ses consolations et ses pieuses exhortations jusqu'à ce qu'il eût rendu le dernier soupir.

Mais elle avait accompli son devoir, en sacrifiant sa santé. Les émotions, les fatigues, les veilles et les privations mêmes, avaient peu à peu miné ce frêle tempérament et ses infirmités étaient devenues incurables.

VII

Nous voici arrivés au temps où la mission
à laquelle avait été prédestinée Mme Quatremère allait être achevée. Son exemple d'héroïque charité avait été assez grandiose pour
qu'elle pût céder la place aux disciples qu'il
n'avait probablement pas manqué de former,
et se reposer enfin calme et bienheureuse.

Le 13 octobre 1790, elle comprit sans la
moindre crainte que sa fin était imminente, et
réclama avec une sérénité parfaite les derniers sacrements. Dans la nuit du 14 on les lui
administra en présence des siens, et à 11 heures
du matin elle expirait, comme elle avait vécu,
en donnant à tous ceux qui l'entouraient, à
ses parents et aux gens de service, même dans
cette minute suprême, l'exemple de la résignation la plus sincère, de la foi la plus ardente,
de l'espérance la plus inébranlable.

Les obsèques eurent lieu le lendemain en la
paroisse de Saint-Germain-l'Auxerrois. Rien

ne saurait dépeindre le tableau que présentaient ce jour-là la place de l'École et les rues adjacentes. Comme le trajet de la maison mortuaire à l'église était des plus courts et que la nouvelle de la mort s'était répandue presque instantanément d'un bout à l'autre de la Capitale, la foule était absolument innombrable dans un rayon immense autour de l'habitation de Mme Quatremère. Tous ceux qui avaient bénéficié plus ou moins directement de ses conseils, de ses consolations, de son efficace intervention, de ses larges aumônes et de sa coopération incessante à toutes les œuvres ayant pour but de soulager la misère et l'infortune, étaient venus lui rendre un dernier hommage.

Le nombre incalculable de ceux qui l'avaient toujours trouvée si affable, si compatissante, et si prodigue en cas de désastres et de détresses, ne pouvaient que difficilement s'habituer à la pensée que *la bonne dame du quai de l'École* allait quitter pour toujours cette demeure qu'ils considéraient comme le temple de la charité, le sanctuaire de la vertu. La digne attitude de cette multitude trahissait du reste assez les sentiments de déchirante émotion qui l'étreignait. C'est dans un silence reli-

gieux qu'elle attendait tête nue et depuis de
longues heures le passage du cortège ; et quand
il apparut enfin, on vit, comme mus par un
immense ressort, tous les visages inondés de
larmes. Et comme depuis plusieurs années, la
population parisienne avait, et de son vivant
même, couronné ses vertus d'une légende de
sainteté, on comprenait de suite, à la douleur
dans laquelle s'abîmait cette foule, que c'était
moins d'un cortège funéraire que d'une translation de *reliques* qu'elle se considérait spectatrice.

On se serait cru transporté, en effet, en plein
moyen âge, et sur le passage de cette prodi-
gieuse châsse de sainte Geneviève, qui descendait de la basilique mérovingienne, chaque
fois que Paris, en proie à des fléaux et à des
calamités effroyables, réclamait la vue des
reliques de sa patronne. Dans l'église, le spectacle fut plus poignant et le coup d'œil plus
pittoresque encore. L'émotion si longtemps
contenue dans le cœur de tous finit par éclater.
La voix des innombrables prêtres officiants fut
souvent entrecoupée de larmes, auxquelles
répondait par des sanglots l'assistance, plon-
gée dans une véritable désolation. On voyait
des princes, des chevaliers du Saint-Esprit en

costume de l'ordre, de nombreux chevaliers
de Saint-Louis et de Saint-Michel, coudoyant
pêle-mêle des pauvres honteux cachés derrière
des piliers ; des dames de la cour en riches et
sombres parures, se trouvaient assises à côté
de misérables pauvresses, couvertes de haillons...

Se conformant à un vœu de la famille, dicté
par une modestie excessive, le clergé dut s'abs-
tenir de célébrer, ce jour-là, en chaire, les
louanges de la défunte. Mais au sortir de l'é-
glise, après la cérémonie, on entendit le maréchal de Mouchy dire, tout haut, à Mme la vicom-
tesse de Noailles et à Mlle de La Fayette, sa
petite-fille, *qu'il était depuis longtemps con-
vaincu de la bonne odeur de ses vertus et qu'il
venait l'invoquer comme une sainte.*

Le bruit de sa mort avait transpiré, presque
immédiatement, jusque dans le palais des rois;
et, peu de jours après les obsèques, Louis XVI
consentit à entretenir longuement et publiquement le curé de Saint-Germain-l'Auxerrois de
la perte irréparable que sa paroisse venait de
faire, par la mort de Mme Quatremère, et il le
pria de *témoigner de sa part à la famille Quatremère les regrets qu'elle lui causait.* La reine
Marie-Antoinette, qui, à la naissance de chacun

des dauphins, avait fait parvenir 25 louis à
Mme Quatremère, pour les pauvres femmes en
couche, fit aussi un long éloge de la défunte
en présence des dames de la cour, dont plusieurs lui avaient signalé les vertus avec d'autant plus de complaisance et d'exactitude
qu'elles la connaissaient particulièrement.

Le duc de Penthièvre ayant, dans une de ses
terres, appris la perte que venait d'éprouver
M. Quatremère, lui écrivit une lettre de condo-
léances, où il l'assurait de la part qu'il y prenait, et qu'il terminait par un long panégyri-
que de son épouse.

Pendant que se célébrait l'office mortuaire,
pour exaucer une des suprêmes, mais non des
moins touchantes volontés de la défunte, dont
la sollicitude maternelle pour ses pauvres se
révélait encore une fois, et même outre-tombe,
on distribuait 400 pains de 4 livres à 400 pauvres. Parmi les innombrables autres legs charitables de son testament, n'oublions point
une somme de 3.000 livres, pour les pauvres
malades de sa paroisse.

Toutes les associations de charité, reconnais-
santes de ses bienfaits, firent célébrer plusieurs services mortuaires ; et à chacune de
ces cérémonies funèbres, une affluence extrê-

mement considérable, et où toutes les classes de la société étaient représentées, s'y rendit.

La Presse de Paris, elle aussi, donna sa voix dans ce concert unanime de louanges et de regrets, et, se faisant l'interprète de la grande Cité, qui avait vu naître cette vénérable bienfaitrice, elle retentit de sincères accents de douleur. Nous pensons résumer fidèlement tous les organes de l'opinion de cette époque en citant seulement, mais *in-extenso*, l'article du *Journal de Paris* relatif à Mme Quatremère. Son numéro quotidien étant à peu près totalement absorbé par les débats de l'Assemblée Législative, un supplément parut le 30 octobre 1790, qui débute ainsi :

NÉCROLOGIE

« Permettez-nous de soulager notre douleur en consignant dans nos feuilles l'éloge public d'une femme dont la perte, surtout dans les circonstances, est, en quelque sorte, un *deuil public*.

« Mlle Bourjot, depuis Mme Quatremère, s'exerça dès sa première jeunesse, sous l'aile d'une mère, le modèle de toutes les vertus, à des actes de charité, d'humilité, de bienfaisance qui ont rempli sa vie tout entière. Portée à la place de trésorière des pauvres d'une des grandes paroisses de la Capitale, elle en étendit pour elle les obligations et sut en multiplier les ressources. Pendant plus de vingt ans qu'elle fut à ce poste, au milieu d'une famille nombreuse, à travers des soins de tous genres, il n'y eut point, dans son territoire, de besoins ignorés d'elle, de secours épargnés ou mal distribués. La confiance générale vint grossir son trésor et accroître ses jouissances, en lui permettant de soulager toutes sortes de misères et d'infortunes. Les orphelins, jeunes filles abandonnées, les vieillards, les infirmes, les prisonniers, trouvèrent en elle une mère, un refuge, un support, une consolatrice, une libératrice. Elle visitait les greniers, les cachots, les réduits les plus hideux et les plus infects, sans que rien parût coûter ni répugner à la délicatesse excessive de sa complexion. Mais ce qui était bien plus admirable en elle, c'était la manière dont, pour ainsi dire, à tous les instants du jour, elle accueillait le pauvre connu ou inconnu ; à l'ineffable douceur que peignait son visage, elle joignait une politesse affable, des égards recherchés, qui touchaient plus que les bienfaits eux-mêmes. Aux importunités, car enfin les ressources étaient au-dessous des besoins, elle opposait une bonté si compatissante, tant de patience, des raisons si persuasives, qu'elle n'entendit jamais murmurer. *Dans la double crise de la disette et de la Révolution, elle a joué un rôle public.* Elle s'était fait une loi de donner du pain, et du meilleur, et au moins du pain à toutes les personnes qui viendraient à elle. On afflua de tous les coins de la capitale. Elle fit plus : elle rappelait chacun à la patience, à la concorde, à la soumission aux lois ; elle s'appuyait sur des motifs les plus humains et les plus religieux. Sa réputation de faire le bien et de le bien faire était si grande, qu'elle recevait des dons de toutes parts, dont l'emploi était laissé à sa discrétion, et on s'honorait de faire le bien par son entremise. Nous ne parlerons point de ses autres vertus, des qualités si précieuses de son cœur et de son esprit. Nous ne l'avons considérée que dans ses rapports avec le public, la partie souffrante du peuple. Elle est morte le 15 octobre, âgée de 58 ans. »

Voilà pour Paris. Mais, chose surprenante, sa réputation de charité, de vertu et de patriotisme, avait pénétré fortement et profondément aux extrémités les plus lointaines du royaume de France, qui paraissait alors d'autant plus immense qu'il était dépourvu de tous les moyens de locomotion auquel ce siècle nous a habitués.

Quelle ne fut pas la stupéfaction de MM. Bourjot, frères de Mme Quatremère, et de plusieurs de ses sœurs, lorsque, voyageant, les uns en Bretagne, les autres en Guyenne, Gascogné et Provence, ils entendirent les habitants de Nantes, Bordeaux, Toulouse et Marseille, vanter couramment les œuvres de charité et les bienfaits dont elle avait comblé le Paris souffrant et malheureux !

M. et Mme Marc-Étienne Quatremère

VIII

Ces traditions d'héroïque vertu ne devaient pas disparaître entièrement avec cette noble femme.

§ Ier.

Mme Quatremère qui fut, comme nous l'avons vu, mère de dix enfants, eut trois fils. Le dernier, Quatremère de Saint-Henry, mourut jeune aux colonies; les deux autres furent Marc-Etienne et Quatremère de Roissy. Le premier avait sous certains rapports hérité de l'intelligence de sa mère. « Époux de Mlle Lesueur-Florent, femme aussi instruite que belle, qui savait le grec et le latin, il joignait à toutes les vertus domestiques une science solide et variée (1). » Signalé parmi les officiers municipaux au choix des électeurs de la ville de Paris,

(1) Barthélémy-Saint-Hilaire. *Éloge d'Étienne Quatremère.*

en 1789 (1), il en remplit les fonctions avec le plus grand zèle pendant un an ; mais il donna bientôt sa démision, le 14 février 1791. Néanmoins, pendant cette courte apparition dans la maison des échevins de Paris, il laissa le souvenir d'une probité et d'une droiture à toute épreuve, et d'une charité qui ne pouvait être comparée qu'avec celle de sa mère.

Une motion qu'il présenta à la section du district Saint-Honoré, peu avant l'hiver terrible où sa mère se signala par un dévouement si célèbre, le 18 septembre 1789, mérite d'être citée en entier.

« On ne peut s'empêcher, messieurs, de concevoir de l'inquiétude sur la disette des subsistances qui se fait sentir dans le royaume et en particulier dans la capitale. Les 800.000 hommes qui la peuplent sont bien dignes, messieurs, d'exciter la sollicitude et les soins de tous les

---

(1) Il fut élu le premier de Paris par 1667 voix. (Robiquet : *Le personnel municipal de Paris sous la Récolution.*)

Lorsque, le 6 octobre 1789, le roi Louis XVI fut contraint par la population de Paris de quitter Versailles pour rentrer aux Tuileries, Marc-Étienne fit partie de la députation nommée par les échevins qui alla à la rencontre de ce monarque au Cours-la-Reine, pour le saluer au nom de la Cité.

bons citoyens. Un autre objet non moins inté-
ressant, c'est la mauvaise qualité des subsistances qu'on ne saurait se dissimuler depuis
longtemps et qui, si elle durait encore davantage, pourrait nuire essentiellement à la santé
et même à la conservation précieuse de nos
frères et citoyens. Ces deux objets de la plus
intéressante considération doivent donc, messieurs, occuper toutes les attentions, non seulement de cette honorable assemblée, mais
encore de tous les autres citoyens.

« Un moyen qui paraîtra le plus propre à
remédier à de si grands maux, serait, il me
semble, de penser très sérieusement et sans
perdre un instant à approvisionner la ville de
Paris pour un temps nécessaire et qui mît à
portée d'attendre la circulation pleiné des
grains dans les marchés. On estime qu'il fau-
drait 3 millions par mois soit en argent comptant soit en crédit pour acheter les blés nécessaires à cet approvisionnement ; et s'il en fallait
davantage, l'opération n'en serait pas moins
praticable.

« Ces blés achetés ou transportés à Paris, pour-
raient être convertis en farines, le peuple ayant
ainsi sous les yeux la subsistance, acquerrait
le calme si désirable en la circonstance. Le

pain serait distribué aux citoyens au prix coûtant et auxquels reviendraient les simples déboursés et avances ; et cet approvisionnement se ferait de mois en mois et jusqu'après l'hiver si cela est nécessaire ; car on ne peut pas envisager sans alarme combien cet hiver sera un temps critique à passer si on n'y remédie pas par toute la prudence, les soins et la prévoyance que la nécessité doit suggérer.

« Il s'agirait donc, pour procurer un bien aussi précieux, que des citoyens animés de cet esprit d'humanité et d'amour public qui doit régner dans tous les cœurs, s'empressassent de s'unir ensemble à l'effet de faire toutes les avances nécessaires et de prêter tout leur crédit pour une œuvre aussi digne de patriotisme.

« On n'en suppose que trois dans chaque district, ce qui en ferait 180, sans que ce nombre fasse douter de l'empressement de tous. Ces 180 citoyens auraient à débourser chacun 17.000 livres par mois, somme qui rentrerait par le débit journalier de chaque mois ; et même en supposant qu'il ne s'en trouvât que deux par district, ce qui ferait 120, alors l'avance serait de 25.000 livres environ pour chacun, ce qui paraît toujours praticable de la manière la plus frappante.

« Le membre, messieurs, qui a l'honneur de vous faire cette exposition, désire de tout son cœur d'être admis à faire partie des coopérateurs de cette œuvre salutaire et patriotique. Il serait trop heureux si la Providence lui avait accordé des facultés suffisantes et capables de remplir ce devoir à lui seul. Mais la douceur de cette satisfaction ne lui est pas réservée et il est juste qu'elle soit partagée avec ces bons et dignes citoyens qu'il appelle à son secours à ce sujet. »

L'Assemblée générale du district Saint-Honoré a reçu avec acclamation la motion vraiment patriotique de M. Quatremère et a unanimement donné de justes éloges à son zèle pour le bien public. Cette motion en est la preuve la plus authentique. En conséquence, l'assemblée a arrêté qu'elle serait imprimée et envoyée aux représentants de la Commune et aux 52 autres districts.

Signé : Borie, *président.*

Baron, *secrétaire.*

Non content de vouloir soulager la capitale tout entière en général, la sollicitude de ce bienfaiteur embrassait aussi les œuvres charitables même les moins connues.

Le 12 mars 1790, en effet, il écrivait à la Commune :

« J'ai l'honneur de vous présenter une nouvelle requête en faveur des filles Saint-Gervais demeurant rue des Francs-Bourgeois, prés celle des Trois-Pavillons... depuis quatre-vingt-dix ans. M. le curé Feu, dont la mémoire sera à jamais respectée, prenoit à elles un vif intérêt fondé sur le zèle, l'intelligence qu'elles ont toujours eues pour la jeunesse. Ii a donné 750 francs de rentes pour les écoles de charité dont il les a fait jouir sans toutefois que cela semble être directement approprié à leur maison. Des circonstances défavorables ne lui permirent pas d'exécuter le projet qu'il avoit très à cœur de leur acheter une maison. M. Feu mourut et ces filles se trouvèrent en location, n'aiant que leurs 750 francs, ce qui les a mis plusieurs fois dans le cas de déménager et souvent de payer un loyer trop lourd en raison de leur mince revenu et de l'emplacement que leur demandoient les classes. Aujourd'hui la maison qu'elles occupent est en vente. Infatigables dans leurs travaux, et désirant les continuer, elles appréhendent de ne pouvoir le faire plus longtemps. Elles offrent cependant leurs services à la ville sans augmentation de leur sort... et se chargeroient de l'éducation des filles des paroisses adjacentes à l'endroit où elles seroient placées.

« Je ne peux que plaider cette cause, quant à l'utilité dont ces filles peuvent être. La mémoire de M. Feu m'est précieuse, ainsi qu'à tous les honnêtes gens. Son institution a des droits à notre estime et à notre protection. On ne sauroit trop favoriser les maisons destinées à faire germer dans les esprits et dans les cœurs les premiers principes de la vertu...

« Je vous prie d'avoir à ma requête l'égard qu'elle vous paroisse mériter et j'ai l'honneur de me dire avec un sincère dévouement, Monsieur, votre très humble et obéissant serviteur.

« QUATREMÈRE fils. »

Mais ces actes qui lui faisaient le plus d'honneur, ses multiples aumônes, en le faisant croire plus riche qu'il n'était, lui attirèrent la haine des Jacobins. Nous voici arrivés à l'époque de la Terreur : une occasion leur permit d'assouvir leur haine et leur jalousie. Laissons parler Wallon (1) :

_____

(1) *Hist. du Tribunal révolutionnaire.*

« Un honnête commerçant de la rue Saint-Denis avait été choisi pour arbitre entre l'administration et des fournisseurs de draps de troupes. Il avait ordonné qu'on leur payât le prix de leur fourniture. Dans l'interrogatoire de Dobsent, il répondit : Qu'effectivement il a donné des conclusions en faveur de Bouchet, mais avec la précaution d'énoncer ce qui lui paraissait *à charge* et à décharge pour mettre les juges à même de se prononcer... »

Le procès n'en suivit pas moins son cours, le président Herman posa la question en ces termes :

« Des fournisseurs infidèles rangés, par la loi du 29 septembre dernier, au nombre des conspirateurs, ont subi la peine due à leurs crimes. Marc-Étienne Quatremère, marchand de draps, rue Denis, est-il complice de ces fournisseurs infidèles *en faisant sciemment et dans le dessein de favoriser le crime* (1) comme arbitre au tribunal de commerce, un rapport partial dont le résultat était de faire payer à des fournisseurs une somme de 50.000 francs environ, alors qu'ils étaient, au su de Quatremère, dénoncés aux comités des

____

(1) Ajouté en marge après coup et approuvé.

Marchés et à la Convention comme des fournisseurs infidèles. »

La réponse du jury fut affirmative. Voici, du reste, en abrégé l'acte d'accusation :

« Quatremère, connu par son incivisme et son dévouement à la cause de la tyrannie et du fanatisme, n'a vu dans les fonctions qui lui ont été déférées que l'occasion de servir sa haine pour la Révolution. »

Le président déclara (1) que Quatremère « dans sa charité pour les pauvres n'avait eu en vue que son Dieu et non les sans-culottes et *qu'il méritait la mort pour avoir humilié le peuple par ses bienfaits.* »

Fièrement Quatremère se défendit :

« J'ai donné assez de preuves de mon civisme depuis la Révolution, au su et au vu de toute ma section ; mes dons ont été assez fréquents et abondants, mon zèle pour habiller en excellente qualité et à bon compte les volontaires de la République a été assez connu ; mes liaisons avec tous les patriotes sont assez notoires pour que je puisse repousser victorieusement cette accusation d'*incivisme*. Mes

(1) Barthélemy-Saint-Hilaire, déjà cité. — V. Sardou dans sa pièce de « *Thermidor* » fait allusion à cet admirable dispositif du jugement du Tribunal Révolutionnaire.

mœurs et mon caractère ont été bien opposés à la cause de la *tyrannie ;* quant au *fanatisme,* je dirai que tout culte intérieur est bien libre : que, *né d'une mère dont tout Paris a connu la charité, j'ai tâché de suivre ses leçons* et ses exemples ; que ce prétendu fanatisme n'a eu d'autre effet de ma part que d'exécuter ponctuellement les loïs et de faire à mes frères tout le bien qui a été en moi. »

Il n'en fut pas moins condamné ; il était fort riche et sa mort, par la confiscation de ses biens, allait dédommager le gouvernement de la perte qu'il alléguait faussement. Mais il y avait un autre motif de sa condamnation plus sérieux et presque inconnu encore.

Les Jacobins ne lui pardonnaient point en effet d'avoir signé le premier la pétition suivante où il protestait, non sans courage à cette époque, contre le projet de la cérémonie fixée au 4 juillet 1792, pour la translation des cendres de Voltaire au Panthéon.

Pétition à l'Assemblée Nationale relative au transport de Voltaire.

« Messieurs,

« Les citoyens, dont vous voyez la signature, en représentent un très grand nombre ; tous amis de la Constitution, ils viennent à ce titre verser leurs peines dans le sein des Pères de la Patrie.

« Une pompe solennelle est arrêtée. Un *Panthéon,* un *Temple* où tout sera Dieu excepté Dieu lui-même, une *translation,* des *stations,* des *chants,* des *hymnes,* tout contribue à en faire une fête d'un ordre nouveau. Placée à la suite des processions, où votre présence parle si haut en faveur de la religion catholique ; près de la cérémonie de la Fédération, qui renouvela tous les sentiments civiques, elle forme un hors-d'œuvre, un contraste frappant, qui porte à demander : Qui donc prétend-on honorer d'une manière aussi éclatante ? C'est, répondra-t-on, un homme que l'Assemblée Nationale a décoré du titre de Grand.

« Vous l'avez prononcé, Messieurs, nous ne voulons ni ne devons discuter vos décrets. Vous avez ordonné le transport des restes de cet homme fameux. Mais faut-il accompagner ces obsèques de tout le cérémonial dont le détail est annoncé ?

« Y a-t-il des exemples de grands hommes honorés par vous, qui aient reçu un pareil culte ? Deux ont obtenu vos éloges et les distinctions du mérite : M. de l'Épée et M. de Mirabeau. Le premier a servi l'humanité, créé en quelque sorte des organes et uni la vertu aux talents. Le second a été une des plus fermes colonnes de la Constitution naissante. Vous avez applaudi à l'éloge funèbre décerné au premier ; vous avez voulu qu'un concours extraordinaire aux funérailles du second témoignât l'hommage que vous rendiez à sa mémoire... Mais là nous n'apercevons point une disconvenance qui est ici vraiment choquante.

« Peut-être objectera-t-on qu'il faut de l'extraordinaire pour un philosophe, extraordinaire lui-même, qui a prédit la Révolution ?

« Sans doute, reprendrons-nous, son génie a pu calculer et prévoir la Constitution nouvelle ; mais d'après son caractère bien connu, *cet adulateur des grands, ce contempteur du peuple,* cet homme d'un esprit versatile, sans loi, sans principes, serait-il, s'il existait encore, au niveau de la Révolution ? Aurait-il cette immobilité majestueuse, cette belle attitude d'une âme vraiment libre ? Un de ses traits les mieux prononcés, c'était la jalousie, sa folle prétention de rivaliser avec le Fondateur du

Christianisme ; ses écrits et sa conduite ont toujours participé de ce projet insensé. Voudrait-on en consacrer la réussite par son apothéose ?

« S'il faut au peuple des diversions, il ne lui en faut que de sages et d'utiles. Une trop grande commotion sans objet bien marqué, est en politique plus nuisible qu'avantageuse.

« S'il est des dépenses nécessaires, la prudence demande qu'on épargne les moins pressantes pour satisfaire à celles qui le sont davantage.

« S'il est des principes reçus et avoués, la saine politique exige qu'ils soient respectés par la Nation.

« Appliquons rapidement ces maximes incontestables à l'objet qui nous amène. Le Département n'a pas trop de ses fonds pour remplir ses engagements, pour défendre en ce moment nos frontières, pour multiplier les secours en faveur du peuple. Qu'est-il besoin de faire une telle profusion pour le transport de Voltaire, quand on peut l'effectuer également à peu de frais ?

« Le peuple, dira-t-on, a besoin de pareilles diversions ! La Fédération n'en est donc pas une suffisante : loin de nous au reste l'idée de lui envier d'autres plaisirs ; mais il nous pardonnera de ne lui en offrir que de généralement avoués, que de conformes aux principes reçus ; il nous pardonnera de lui épargner une contradiction aussi manifeste entre sa conduite et sa croyance ; vous nous pardonnerez, vous-mêmes, Messieurs, de lui ôter le prétexte d'être moins soumis à vos décrets. Car la souveraineté de la Nation et l'autel se tiennent inséparables. Si une fois, on outrage la Religion, quelle autorité respectera-t-on ?... Que les auteurs de cette fête laissent manier à nos adversaires cet argument calomnieux dont ils ont tant abusé en disant : *Les amis de la Constitution ne le sont pas de la Religion...*

« Il sied aux législateurs, il ne sied qu'à eux de prévenir ce mal et d'ordonner que le *transport de Voltaire soit fait* sans les cérémonies *annoncées.*

QUATREMER, municipal, section des Innocens ; BRICOGNE, ex-présid., sect. des Lombards ; GRAVIER, docteur agrégé en droit ; DE BEAULIEU, curé de Saint-Séverin ; FLORENT, anc. présid. de la sect. de l'Arsenal ; POLISSARD père, électeur de 1789, et POLISSARD fils ; QUATREMÈRE, C. de S. M. ; DANJAN, anc. com. ; GRAVIER, homme de loi ; CIMETIÈRES, maître de pension, sect. de

Montreuil ; SEMILLIARD père, ancien instituteur, et SEMILLIARD fils, soldat ; LECLÈRE (1), lib., sect. des Lombards ; CORPET, curé de Saint-Germain-l'Auxerrois ; FAURE, substitut de l'accusateur public, etc. Suivent 145 autres signatures, où se coudoient toutes les classes de la société, nombre de magistrats, d'officiers et les archiprêtres de toutes les paroisses de Paris à côté de petits commerçants, de simples soldats, de gardes nationaux ou de volontaires de la République.

Voici l'accueil qui devait être réservé à ce manifeste :

Réponse d'un ami des grands hommes aux envieux de la gloire de Voltaire (signée Gudin).

« Si nous voulons perdre du temps à recueillir des signatures, nos adversaires pourroient nous en opposer beaucoup, celles de tous les envieux, de tous les hypocrites, des pauvres d'esprit, des fanatiques, des ennemis déclarés ou secrets du mérite ou du bien public. Et nous, nous leur opposerions celles de tous les

______

(1) Cousin germain de Marc-Étienne, il devait être témoin à décharge dans le procès du Tribunal révolutionnaire.

esprits élevés, de tous les cœurs généreux, de tous les amis de la vraie gloire, de tous les jeunes gens qui sentent en eux la noble ambition de bien mériter de la patrie, de toutes les âmes qui sont éprises de l'honneur national, et nous nous flattons que ce nombre aujourd'hui dépasse de beaucoup tout autre. »

Du reste, tout Paris devint peu à peu et forcément attentif à cette polémique qui s'envenima et se déchaîna pendant plusieurs mois, et quand on aura sous les yeux les pièces qui suivent, on ne doutera plus un seul instant de la haine farouche des Terroristes contre Quatremère et qu'il devait payer de sa mort.

Réponse à la pétition des 160 Jansénistes relative à la translation de Voltaire.

« On vient d'afficher avec profusion la pétition la plus ridicule qu'il soit possible d'imaginer. Cette capucinade est signée de Jacquot Bricogne, petit chrétien normand.

« Je veux bien avoir le courage de réfuter cette dégoûtante rapsodie, par égard seulement pour les aveugles qu'elle pourroit séduire, car elle est insidieuse. Les pétitionnaires disent d'abord qu'ils sont amis de la Constitution, et ils s'efforcent de troubler une fête triomphale consacrée par toute une nation libre à la gloire du plus utile et du plus beau génie de l'univers, et malgré le décret qui supprime les titres et les distinctions, ils impriment tout au long *M. de Mirabeau*, passe encore pour *M. de Quatremer*.

« Ils disent que le peuple a besoin de diversion, surtout dans cet instant : ils savent apparemment qu'il se trouve quelque complot dont ils croient inutile d'avertir le peuple. Nous les remercions de leur avis involontaire ; nous nous tiendrons sur nos gardes ; mais le triomphe de Voltaire n'en-aura pas moins lieu.

« Ils disent que Voltaire n'avoit pas *une belle attitude d'âme ;* et ils ne savent pas que ce jargon inintelligible est aussi ridicule que le seroit leur perruque sur la tête d'un homme d'esprit.

« Ils disent que Voltaire avoit la jalousie de vouloir rivaliser avec Jésus ; c'est comme s'ils disoient qu'Alexandre voudroit rivaliser avec Bouillé...

« Ils disent qu'il n'est pas besoin de faire tant de dépenses pour le transport de Voltaire... Ils conseillent de les supprimer et ils savent qu'elles sont faites.

« Peut-être voudroient-ils seulement les employer à un transport plus louable, par exemple, à celui de Labre et de Jansenius.

. . . .

« Obtenons pour toute réparation que ces signataires soient costumés comme les sacrificateurs antiques, tenant à la main des réchauds ardents ; qu'ainsi affublés, ils précèdent le triomphe de Voltaire en chantant l'hymne à sa gloire et en brûlant eux-mêmes leurs pétitions et ce que les vers nous ont laissé des feuilles de tous les reptiles littéraires de cette espèce....

« Marc-Antoine D...t. »

Détail exact et circonstancié de tous les objets relatifs à la fête de Voltaire.

Extrait de la *Chronique de Paris* :

« Malgré la pétition signée *Quatremer* et *Bricogne*, le triomphe de Voltaire a été célébré hier, cette pétition avoit été couverte de boue et brûlée dans les sections et caffés et lieux publics. Les afficheurs ont signalé leur patriotisme en couvrant ces placards infâmes de la proclamation du département indiquant l'ordre et la marche de la cérémonie...

« La dévote rage des ennemis de la philosophie s'est encore bien plus signalée pendant la
nuit, ils ont tenté d'enlever les restes du grand
homme ; mais les bataillons des sections voisines ont été appelés et les troupes *innocentes*
de Quatremère et de Bricogne ont été repous-
sées.

«... Le matin, la pluie tombait en abondance
et les benêts pétitionnaires prétendront que
Moïse avait fait ouvrir les cataractes du ciel ;
on doit bien regretter que le jour n'ait pas été
aussi beau que l'exigeoit une pareille fête...
Mais elle produira l'effet que les amis de Voltaire s'en sont promis : le triomphe de la raison, la défaite du fanatisme, le saint amour de
la patrie et la résolution de tout sacrifier à la
liberté. »

*Observation sur la pétition des prêtres et des
maîtres d'école et autres grands hommes à
la tête desquels se trouvent Quatremer probablement par ordre de notre respectable
municipalité.*

« Trois monstres attaquèrent Voltaire pendant toute sa vie : la superstition, la sottise et
la jalousie ; malgré leurs rugissemens, il les

força au silence ; mais à peine fut-il dans la tombe, qu'ils redoublent leurs cris et qu'ils portent leur malignité jusqu'à lui refuser les honneurs de l'apothéose. On ne doit donc pas être étonné de voir leurs fameux disciples, les Quatremer, et de Beaulieu, curé de Saint-Séverin, venir attaquer, sous le prétexte de travailler pour les mœurs, les honneurs que la nation veut lui rendre.

« Ministres de l'Évangile, imitez votre divin maître, que la patience et la douceur soient votre caractère.....

« Je vous dis que ce Voltaire que vous méprisez avait plus d'esprit que tous les illuminés qui ont signé votre pétition. Qu'elle tombera dans le néant où elle doit nécessairement rentrer, et

« Il eût été la gloire et de Rome et d'Athènes
« Si pour vous seuls, il n'eût fait que parler. »

Chronique de Paris (10 juillet 1791.)

CHARLES VILLETTE à ses concitoyens.

« M. Quatremère de la section *des Innocens*, oppose des raisons très innocentes au triomphe de Voltaire. Je ne répondrai point à tout ce

qui pourrait avoir trait à la religion, parce que
l'on a évité avec le plus grand soin de mêler le
sacré au profane dans cette fête purement profane, donnée par les philosophes et les artistes
au père de la philosophie et des arts.

« Je m'arrêterai donc au chapitre de la
dépense. La translation de Voltaire, comme
elle est ordonnée aujourd'hui, coûterait peut-
être plus de 100.000 écus à la ville de Paris ;
mais ce que les amis du grand homme, les
ardents patriotes, les théâtres, les gens de
lettres, les différentes corporations entre-
prennent à leurs frais, tout cela n'est point à
la charge de la municipalité. Elle dépensera
tout au plus 18.000 livres pour appeler
18.000 étrangers qui laisseront à Paris plus de
800.000 livres dans la circulation.

« Interrogez les marchands et tout ce qui
tient aux modes ; et vous reconnaîtrez que la
fête de Voltaire considérée simplement sous
le rapport politique anéantit par cela même
toute la rhétorique de M. Quatremère *des
Innocens.*

(N° du 12 juillet). — « M. Agier a signé la
pétition contre les honneurs à rendre à Voltaire,
et M. Agier est sur la liste des candidats pour la
place de gouverneur de l'héritier présomptif

de la couronne. Ceux qui lui ont donné leur voix, veulent sans doute avoir un roi janséniste (1). »

(*N° du 13 juillet 1791*). — « ... Depuis longtemps, on recherchait les héritiers de feu Jean Bête : grâce au ciel, on les a trouvés, tous leurs noms sont au bas de cette pétition... »

Comme on le voit, il n'avait été répondu aux arguments si sages et si pondérés de Quatremère que par une grossière partialité. Mais revenons à notre prisonnier.

Au moment où l'arrêt de mort de Quatremère fut prononcé, une foule de pauvres, présents à l'audience, poussèrent des cris de désespoir, se plaignant cruellement qu'on leur ravît leur unique protecteur.

Incarcéré à la Conciergerie depuis frimaire, c'est-à-dire pendant plus d'un mois, il montra un courage héroïque ; privé des secours moraux de ses amis, des visites de son vieux père octogénaire, de la société de sa jeune et vaillante

(1) Quatremère de Quincy, cousin germain de Marc-Étienne, fut proposé pour ce poste le 2 juillet 1791. Il refusa pour se livrer tout entier à ses travaux artistiques et archéologiques. Il devait être élu député de Paris à l'Assemblée législative, le 21 septembre 1791, le 18ᵉ sur 24 par 360 voix (720 votants).

épouse et de ses trois petits enfants, pour toute distraction, il entendait, à travers les murs de son cachot, les colporteurs de journaux proclamer le nombre *des sujets de très haute, très puissante et très expéditive Dame Guillotine* (1).

Il se montra digne de cette clientèle du bourreau qui arrachait, parfois, même aux plus sanguinaires, des cris d'étonnement. Nobles et bourgeois, princes et paysans, riches et pauvres, domestiques et courtisans, prêtres et philosophes, poètes et commerçants, vieillards, femmes, jeunes filles, militaires, royalistes et girondins, tous, en effet, montèrent avec le même héroïsme dans cette charrette qui, cette fois, constituait bien une égalité véritable, celle devant le bourreau.

L'exemple du courage était même parfois donné par ceux-là mêmes que l'on en aurait cru indignes. Une fille des rues, voyant un marquis se désoler à côté d'elle pendant le trajet fatal, ne lui dit-elle pas :

« Fi donc, monsieur le marquis ; ceux qui n'ont pas de nom en acquièrent un ici, et ceux qui en ont un doivent savoir le porter. »

Une autre fille, au président du tribunal

____

(1) Maxime du Camp.

révolutionnaire qui lui demandait quels étaient ses moyens d'existence, lui répondit :

« Je vis de mes grâces, comme toi de la guillotine. »

Quelques fragments des lettres adressées, dans ces moments si angoissants, de la Conciergerie, par Quatremère à sa femme, dénotent une sérénité d'âme qui laisse rêveur et ne peut naître que chez un homme d'une probité et d'une pureté de mœurs réellement extraordinaires.

« MA CHÈRE AMIE,

« Je suis aussi bien qu'il est possible, je t'engage à te tranquilliser. Il sera à propos de faire parler ma section et le tribunal de commerce qui me connaissent, le citoyen Pitra, du département des subsistances, qui m'avait demandé des prix pour le maximum, peuvent attester ma délicatesse... J'ai ma conscience bien tranquille, n'aiant pu être et n'aiant jamais été complice de citoyens que je ne connaissais pas auparavant et avec lesquels je n'ai eu depuis aucun rapport... Je suis dans le désir qu'on puisse m'apporter : 1° 20 francs à donner à ma chambre ; 2° de quoi déjeuner demain ; je mange très peu et plus souvent.

Je souhaite que de très bonne heure on puisse voir demain matin le citoyen Floriot, substitut de l'accusateur public.

« Je t'embrasse et les enfans, et toute la maison. Je suis ton très affectionné mari,

« QUATREMÉRE fils.

« Ce 18 frimaire.

« N. B. — *J'aurai besoin de tabac, d'un bonnet de nuit, d'une paire de draps de suite.* »

Puis, dans une autre missive :

« Je te remercie de ta tendre lettre ; remercie bien aussi tous parents et amis. Ma situation est pénible, mais Dieu le permet ainsi. J'ai moins mal dormi cette nuit ; je mange fort peu mais plus souvent. Tu me donnes des espérances ; mon défenseur m'en a donné aussi ! Plaise au ciel qu'elles se réalisent ! Je travaille à ma justification, cela me soulage un peu.

« Je n'aurai pas besoin de linge avant demain ou après-demain. Pour mon souper, un peu de merlan fera mon affaire, si on peut m'en envoyer. Je suis obligé du livre. Remercie le citoyen Semilliard. J'ai reçu le matelas, couverture et traversin.

« Ton affectionné mari,

« QUATREMÈRE fils. »

Marc-Étienne Quatremère, jugé à 10 heures du matin, le 21 janvier 1794, fut exécuté le même jour à 3 heures du soir. C'était le 2 pluviôse an II. Ce mois commençait à l'anniversaire de la mort de Louis XVI. Ce jour-là une députation des Jacobins, admise à la Convention, demanda qu'on fît une fête nationale pour célébrer cette date. On applaudit et la Convention en masse se mit en marche vers la place de la Révolution, précédée d'un orchestre qui exécutait l'air fameux : *« Veillons au salut de l'Empire ! »* Elle s'y rencontra avec le bourreau au moment où il était le plus occupé avec sa pâture journalière. Le spectacle était navrant. Les chœurs entonnant des hymnes patriotiques étaient couverts par les cris rauques de joie féroce que poussait le public habituel des exécutions à la vue de chaque tête qui tombait.

Mais tout à coup, comme par enchantement, trois heures sonnaient exactement à l'horloge de l'Assomption, le silence se fait, immense ;

les applaudissements cessent ; un formidable cri d'horreur tout différent de ceux auxquels on est accoutumé retentit ; un nom vole de bouche en bouche comme une traînée de poudre. On venait d'exécuter le fils même de la grande bienfaitrice de Paris, comme elle charitable et comme elle aimé !

Et on vit, spectacle unique, ces mêmes femmes ivres des derniers supplices, dont la vue les réjouissait, comme si elles eussent contemplé un animal rare, et qui ont mérité le si triste surnom de : *tricoteuses de la guillotine*, se ruer vers l'échafaud pour tremper leur mouchoir dans le sang de Marc-Étienne, non cette fois pour s'en repaître, mais pour le conserver comme une relique, en souvenir des bienfaits de Mme Quatremère dont beaucoup d'entre elles ou leurs mères avaient profité durant de longues années !

L'évocation de cette famille si vénérable et si injustement malheureuse jetait comme un voile de deuil sur cette allégresse féroce.

Avec Marc-Étienne on avait offert en spectacle à la Convention 60 officiers ou soldats de marine accusés d'avoir livré Toulon aux Anglais, et la fête se termina par une cantate entonnée au pied de la statue de la Liberté à deux pas de l'échafaud où il venait de périr.

Le soir même de ce jour funèbre, il se passa dans la maison de Quatremère une scène horriblement dramatique. Sa femme qui avait été trouver les autorités d'alors pour obtenir la mise en liberté de son mari, était revenue avec la promesse de son élargissement pour le lendemain ou le surlendemain.

Elle courut toute joyeuse annoncer cette bonne nouvelle au prisonnier, lui disant qu'elle allait inviter quelques amis pour fêter son retour.

La pauvre femme attendit inutilement toute la journée. L'inquiétude commença à la saisir quand les convives arrivèrent. Il fallut bien se mettre à table, et même elle conservait encore espoir que le cher attendu surviendrait pendant le repas. Il n'en fut rien hélas !

Une fois les invités partis, la fille aînée de M. et Mme Quatremère se jeta tout en larmes dans les bras de sa mère à laquelle elle apprit alors la triste vérité.

Pendant tout le dîner, l'héroïque enfant, âgée d'une douzaine d'années, eut la force de contenir son chagrin et même par surcroît de cacher à tout instant par des bruits factices les cris des colporteurs de journaux qui, chaque soir, annonçaient les exécutions quotidiennes.

Voici ce qui s'était passé. Dans la journée, quelqu'un était venu de la part de M. Quatre-mère chercher sa fille sans en rien dire à sa mère.

En arrivant à la Conciergerie, elle eut la douleur d'apprendre de la bouche même de son malheureux père, qu'il venait d'être con-damné à mort et allait être exécuté dans le journée et que n'ayant pas le courage d'annon-cer cette fatale nouvelle à sa femme, il avait voulu en charger sa fille et lui dire un dernier adieu. Il lui recommanda de garder le secret jusqu'après le départ des invités, dans la crainte que parmi eux, il n'y eût un espion, ce qui arrivait souvent à cette époque. On était de suite dénoncé et par conséquent perdu. Puis il remit à sa fille divers souvenirs, bijoux et cheveux, après l'avoir embrassée tendre-ment pour la dernière fois.

Les scellés ayant été mis sur tous ses biens, sa veuve et ses petits enfants furent réduits pendant plus de dix-huit mois à vivre d'em-prunts et menacés de voir vendre ce qui avait échappé à la rapacité des Terroristes.

Ce ne fut qu'après le 9 Thermidor, à la chute

de Robespierre et à la suite d'une démarche
honorable faite à la Convention nationale par
la Section des Marchés tout entière, qu'elle
obtint la restitution des faibles débris de **sa**
fortune, et quelques fragments de ses nombreux écrits (1) qui n'avaient pas été brûlés
place de l'Hôtel-de-Ville.

Voici le texte de la pétition de la Section
des Marchés.

*Pétition de la Section des Marchés en masse
à la Convention nationale, le 21 ventôse,
IIIe année républicaine (2), tendante à
rétablir honorablement la mémoire du
citoyen Quatremer, marchand de draps,
rue Denis, assassiné au tribunal révolution-*

(1) Marc-Étienne avait des connaissances littéraires
étendues. Nous avons pu recueillir quelques vers
latins qu'il composa pour placer au bas du buste de
Louis XVI et adressés au président de la Commune.
Séance du 29 mars 1790, au soir. Il a été décidé qu'il
en serait fait mention dans le procès-verbal du jour.

« *Per quem libertas usque inconcussa manebit*
« *Contemplare virum ; sceptri gravitate relicta,*
« *Majus amat solium : panduntur corda parenti,*
« *Et bene murato melius dant nomine sceptrum.*
« *Quos muto Phidias expressit marmore vultus,*
« *Hos vivo, Lodoix, gens franca in pectore gestat.* »

(2) 10 février 1795.

naire par les hommes de sang qui domi-
naient cette section.

« Citoyens représentants, la Section des Marchés ne fut que discrète lorsqu'elle vint vous entretenir le 11 ventôse : elle vous dira tout aujourd'hui. Dans les moments envisagés par l'espoir du bonheur et de la certitude de la justice, vous taire la vérité est un crime. Les membres de son ex-comité révolutionnaire, dont elle saura toujours distinguer les innocents, n'ont pas seulement désarmé sans motif des citoyens qu'elle n'a cessé de reconnaître hommes probes, intègres et dignes de ses suffrages ; ils ont incarcéré arbitrairement des patriotes réunis dans les diverses maisons d'arrêt pour les étonner par leurs vertus, leur innocence et leurs services pécuniaires, civils et militaires rendus à la Révolution. Ils ont sans cesse répété que les mesures du 2 septembre étaient nécessaires, ils ont sollicité des citoyens timides de faire des dénonciations contre ceux qu'ils avaient injustement persécutés.

« L'un d'eux, Bot, dit que si les subsistances venaient à manquer, il fallait se porter aux prisons contre les détenus, leur arracher le cœur et les entrailles et les faire griller et manger. Ce n'est pas tout, ces mêmes hommes accompagnés de Bouin (ami de Carrier), de Godard, ivres de barbarie, ont fait tomber la tête de l'homme le plus juste, le plus bienfaisant, le plus moral, de l'époux le plus fidèle, du père le plus tendre de quatre enfants, de l'ami le plus véritable, le plus obligeant, du patriote le plus zélé, le plus sincère, le plus généreux, le citoyen Quatremère, marchand de draps, rue Denis.

Suivent l'acte d'accusation et la réponse de Quatremère à ces questions.

« Quelle réponse plus digne d'être écoutée par des hommes; mais les tigres étaient là pour vociférer contre un sage aussi extraordinaire devant eux, pour écumer leur rage de voir les flots de son sang. Fleuriot les écoute et les satisfait. Il périt... alors que dix-huit témoins convinrent tous qu'ils n'avaient aucune connaissance des faits portés dans l'acte d'accusation.

« Les assassins du citoyen Quatremère sont Rougier, Duvalet et Lebourg, membres de l'ex-comité révolutionnaire. Bouin, ex-juge de paix, Godard, ex-commissaire de police sont déjà mis en arrestation par la sagesse de votre comité de sûreté générale, et Jobert et Dumontier, membres de la Commune conspiratrice, ont déjà subi la mort...

« Citoyens représentants, la veuve de l'infortuné Quatremère n'a pu depuis quinze mois jouir de ses droits, ni parvenir à faire ouvrir pour l'avantage de ses enfants, le magasin (1) de draps le plus connu par l'intégrité de son mari, trésor que n'ont pu lui ravir ses bourreaux impunis.

« La section des Marchés vient confier le sort de cette veuve à votre Comité de législation et proclamer dans ce sénat l'innocence de son mari... et après avoir approché de vos regards ceux d'une veuve éplorée, vient répéter au milieu de vous : soumission à vos lois et respect à vos décrets. »

La Convention a décrété le renvoi sans réclamation au comité de législation.

Mme veuve Quatremère put donc reprendre le commerce héréditaire et avec un courage viril refaire peu à peu sa fortune détruite ; ses premières économies indemnisèrent les généreux précepteurs de ses enfants « qui, trop honorés et trop heureux d'obliger cette noble

(1) « A la Pomme d'Or », alors 45, rue Saint-Denis, avec succursale au n° 325.

et malheureuse famille, les avaient instruits à leurs frais (1) ».

Mariée à l'âge de seize ans et devenue veuve avant trente-quatre ans, elle mourut le 4 juillet 1828.

Quelques phrases de son testament daté de Puteaux (29 mai 1806), prouvent l'élévation d'âme de cette femme bien digne de porter le nom vénéré des Quatremère.

« ..... Que toutes les connaissances que mon fils a déjà et que celles qu'il acquerra, doivent l'élever vers Celui d'où viennent toutes les lumières et qu'il doit lui en faire hommage ; et comme il a pour père un martyr qui a donné sa vie pour la religion sainte qu'il professa, qu'il ne se rende jamais indigne de son nom.

« Je conjure tous mes enfants de vivre ensemble dans la plus parfaite union et de ne jamais être assez insensés pour se brouiller pour un vil intérêt... »

(1) Ces professeurs étaient : **MM.** Cimetière, Gravier et d'Ansse de Villoison, ami de M. Quatremère ; ce savant helléniste et orientaliste mourut en 1805, professeur de littérature grecque au Collège de France.

Mme Quatremère, durant cette triste période, s'était réfugiée à Villetaneuse et là, vêtue comme les paysannes qui lui avaient donné asile et vivant de la même vie, elle ne permit à ses filles de se vêtir de robes de soie qu'une fois ses dettes payées.

Parmi les enfants qu'elle conserva (1), on compte *Étienne-Marc*, le célèbre savant orientaliste. Comme cette figure scientifique est universellement connue, essayer de refaire une fois de plus sa biographie serait une naïve superfluité. Il savait parfaitement lire à trois ans et à cinq ans il avait beaucoup lu ; âgé de douze ans quand il fut témoin de l'exécution de son père, cette catastrophe ne fut pas sans lui inspirer plus tard le goût de la retraite et la haine de la politique. Presque toujours enfermé dans sa bibliothèque (2), il n'eut réellement qu'une seule affection, sa noble mère.

Après avoir été quelque temps attaché au département des manuscrits de la Bibliothèque Nationale, il devint plus tard professeur au Collège de France, où il eut Renan pour successeur ; membre de plusieurs académies étrangères, professeur à l'Ecole des langues orientales, il reçut le ruban de la Légion d'honneur

(1) Et deux filles : *Jacqueline-Marie-Thérèse* et *Marie-Suzanne*, les aïeules des familles Pollissard, Marbeau et Durnerin...

(2) Elle comprenait 45.000 vol. et 1.200 manuscrits, elle fut achetée en 1858 par le roi de Bavière, et elle porte encore à Munich le nom de Bibliothèque Quatremère.

lors de sa présidence à l'Académie des Inscriptions et Belles-Lettres en 1829.

Il accueillait ses auditeurs avec la plus parfaite bienveillance et la plus affable politesse; et son unique joie, en dehors de ses travaux, était de soulager l'infortune, largement et discrètement, comme l'avaient fait ses parents.

Une femme d'esprit, Mme de Saffray (1), a dit de sa conversation toujours instructive et en même temps aimable et spirituelle :

L'homme du monde alors remplace le savant,
Intéresse toujours, fait sourire souvent,
Plaisante avec bon goût, sans pédantisme éclaire,
Daigne même écouter l'objection vulgaire,
Ouvrant à l'anecdote un limpide courant,
Charme l'homme qui sait, amuse l'ignorant.

En religion, les innovations le révoltaient : il n'accepta point le nouveau bréviaire romain, y trouvant des fables et des anachronismes; les nouveaux saints, les nouveaux dogmes, le trouvaient aussi sévère. A l'époque où fut introduit, dans le diocèse d'Amiens, le culte de sainte Théodosie, il composa un savant mémoire pour établir que les procédés par lesquels on avait créé la légende de cette sainte,

(1) Épître à M. Quatremère.

avec une inscription de quelques mots, étaient
contraires à toutes les règles de la saine critique.

Renan déclare que :

« Si moins partagé entre tant de travaux, il
se fût livré sans réserve à une seule entreprise, avec la force de volonté qui était dans
son caractère, il lui eût été donné de fonder sa
gloire sur une base inébranlable. Il laissera
néanmoins une trace immortelle dans nos
annales et celle de l'érudition orientale (1). »

Après avoir été pendant quarante ans le plus
exact aux séances de l'Académie des Inscriptions et Belles-Lettres, où il devait avoir pour
successeur M. Léopold Delisle, actuellement
Administrateur général de la Bibliothèque Nationale, il mourut le 18 septembre 1857, âgé de
près de 76 ans.

(1) *Débats*, oct.-nov. 1857.

M

Vous êtes prié d'assister au Service du bout-de-l'an de Madame Suzanne-Sophie **LESUEUR-FLORENT**, Veuve **QUATRE-MÈRE**, qui se fera, le Samedi 4 Juillet 1829, à onze heures très-précises, en l'Église de Saint-Louis-en-l'Ile, et aux Messes basses qui se diront dans la même Église, depuis six heures du matin jusqu'à midi.

REQUIESCAT IN PACE.

De la part de Monsieur Quatremère, de Monsieur et Madame Pollissard-Quatremère, de Monsieur Jannon, de Monsieur et Madame Pollissard-Jannon, de Monsieur Charles Jannon, de Monsieur et Madame Mare, de Mesdemoiselles Cornélie et Suzanne Jannon, de Mesdemoiselles Pauline et Mathilde Pollissard-Jannon, ses Fils, Fille, Petits-Fils, Petites-Filles, Petit-Gendre, et Arrière-Petites-Filles.

M

A l'occasion du centième anniversaire de la mort de

Marc-Étienne QUATREMÈRE

une Messe sera dite pour le repos de son âme le LUNDI 22 JANVIER 1894, à 10 heures précises, en son ancienne Paroisse, l'église SAINT-GERMAIN-L'AUXERROIS, (Chapelle de la Sainte Vierge).

De Profundis !

DE LA PART DE SA FAMILLE.

§ 2.

Jean-Nicolas QUATREMÈRE DE ROISSY naquit à Paris, le 3 juillet 1754. Après avoir fait de brillantes études il devint, à peine âgé de 25 ans, conseiller au Parlement de Paris, et fût rapporteur dans les célèbres affaires Bezenval et Favras.

P.-V. Bezenval, fils du colonel du régiment des gardes suisses, après de nombreux succès de cour, par sa jactance et ses forfanteries contre-révolutionnaires, avait, en 1789, obtenu de la faveur de la reine Marie-Antoinette le commandement des troupes réunies autour de Paris. Dans ces fonctions, il fait preuve de tant de timidité et d'impéritie, que de lui-même il prend la fuite, le 14 juillet, avec de faux passeports.

Arrêté et jugé, la cour intercède en sa faveur ; acquitté, il meurt après dans la misère.

Plus grave fut le cas du marquis de Mahy de Favras. Son histoire, inconnue du reste encore dans beaucoup de détails, fut un des épisodes les plus sombres des débuts de la Révolution. Après avoir contracté une alliance quasi-royale en épousant la princesse Caroline d'Anhalt, il tenta, pour soutenir un rang princier, de nombreuses spéculations. Il composa un projet qu'examinèrent Mirabeau et Necker où il tentait d'éteindre la Dette en 30 années ; après avoir séjourné à Versailles pendant la durée des États-Généraux auxquels il avait soumis ce plan, il revient avec la cour, à Paris, après les journées des 5 et 6 octobre 1789. Il médite alors des projets ayant pour but de soustraire la famille royale à un nouveau soulèvement populaire, et de lier à sa cause les gardes françaises connues pour leur dévouement à la Révolution.

Dans ce but, il s'était mis en relations avec des aventuriers, Tourcaty et Morel, qui dévoilent ses visées à l'Hôtel de Ville ; puis il avait négocié avec le comte de Provence un emprunt de 2 millions. La complicité de ce prince dans les intrigues inavouables dont Favras était l'agent paraît de moins en moins douteuse.

Il s'agissait « *d'enlever le roi pour lui rendre sa liberté d'action* ». Il est permis de douter de la sincérité d'une entreprise conduite par de telles mains.

Enfin le 24 décembre 1789, Favras est arrêté, et le placard suivant répandu à profusion dans Paris :

« Le marquis de Favras a été arrêté cette nuit avec Madame son épouse, pour un plan qu'il avait fait de soulever 30.000 hommes pour assassiner M. de La Fayette et le maire et ensuite nous couper les vivres. Monsieur, frère du roi, était à la tête. »

Le comte de Provence eut beau promettre 500 louis de récompense, l'auteur ne put être découvert. Mais Paris fut remué par une telle effervescence, que ce prince crut prudent d'aller se justifier lui-même, devant l'Assemblée de la Commune, comme citoyen de Paris. Les représentants de la Capitale extrêmement flattés de la démarche du premier prince du sang, n'en demandèrent pas davantage et lui prodiguèrent leurs félicitations.

Le procès eut lieu le 13 janvier 1790 au Châtelet ; l'attitude de Favras fut ferme et digne ; mais il ressortit des dépositions qu'il avait indubitablement trempé dans un complot ayant pour but d'enlever le roi et de le couduire à Metz. Enfin il fut pendu le 18 janvier 1790, après avoir jusqu'à la dernière minute protesté de son innocence et conservé l'espoir d'être gracié.

Sa veuve, qui fut relâchée le lendemain

même, obtint plus tard (chose très bizarre) de Louis XVIII, une pension sous la Restauration.

Dans ces deux procès, Quatremère de Roissy fit assurément entendre la voix que lui dictaient sa compétence et sa conscience timorée ; mais il fut, paraît-il, à leur sujet hanté de doutes et de scrupules qui l'attristèrent jusqu'à ses derniers jours.

En 1792, Quatremère de Roissy est expulsé comme noble et se réfugie à Rueil. Devenu veuf, de bonne heure, d'une jeune femme aussi ravissante que vertueuse, il abandonne définitivement ses fonctions et la politique pour consacrer uniquement ses loisirs à la culture des lettres.

Il publia : *Recherches sur Homère* (1799), *Londres* (1819), *Adélaïde* (1820), *l'Ermite écossais, les deux Solitaires* (1821), *Henriette et Julie* (1822), *Édouard de Belval et Sophie, Mme de Lavallière, duchesse et carmélite*(1823), *Ninon de Lenclos* (1824), *Marie-Thérèse de France* (1825), *Règne de Louis XIV* (1826), *Jeanne d'Arc* (1827), *Agnès Sorel et Mme de Chateauroux* (1827), *Traduction d'Horace* (1829), *Tablettes poétiques* (1831). Il fournit en plus de nombreux articles à la *Biographie universelle* de Michaud ; son article *Brutus* fut rogné par la censure qui ne voulait pas que « l'on montrât au peuple un empereur assassiné ».

Quatremère de Roissy mourut à Paris en 1834, âgé de quatre-vingts ans.

ARMOIRIES DE LA FAMILLE QUATREMÈRE

*D'Azur à la Croix d'or cantonnée, aux
1 et 4 d'un navire d'argent, aux 2 et 3 d'une
mer de même.*

IX

APPENDICE

§ 1.

LOUIS, par la grâce de Dieu, roi de France
et de Navarre, à tous ceux qui ces présentes lettres verront : Salut. Savoir faisons pour le bon
et louable,rapport qui Nous a été fait de la personne du sieur *Nicolas-Marc* QUATREMÈRE
et de sa probité, capacité et expérience, Nous
lui avons pour ces causes et autres donné et
octroyé, donnons et octroyons par ces présentes, l'office de notre *Conseiller controlleur
général ancien et mytriennal des receveurs et
payeurs des gages, augmentations de gages et
autres charges assignées sur nos fermes*, créée
par notre édit du mois de juillet mil sept cent
vingt-trois et que levait et exerçait le sieur
Louis de Laval... à condition qu'il ait atteint
l'âge de vingt-cinq ans accomplis requis par
nos ordonnances, suivant son extrait baptis-

taire du vingt-neuf septembre mil six cent
quatre-vingt-dix-sept, délivré par le sieur
du Vallet, vicaire de la paroisse Saint-Louis,
le huit mars mil sept cent trente-cinq, et
avec lesdits actes et autres pièces attachées
sous le contre-scel de notre chancellerie, le
tout à peine de perte dudit office, nullité des
présentes et de sa réception. Si, donnons
en mandement à nos amés et féaux conseillers,
les gens tenant notre Chambre des Comptes
à Paris, présidens, trésoriers de France, géné-
raux de nos finances audit lieu qu'après qu'il
sera apparu à notre dite Chambre des Comptes,
des bonne vie, mœurs, âge susdit de vingt-cinq
ans accomplis, conversation et religion catholique, apostolique et romaine dudit Quatremère
et de luy reçu tant par lesdits gens de nos
comptes que trésoriers de France le serment
recquis et accoutumé, ils le reçoivent, mettent
et instituent de par nous en possession dudit
office et le fassent jouir et user ensemble des
honneurs, pouvoirs, fonctions, privilèges,
exemptions, gages, droits de franc-salé et de
committimus, fruits, proffits, revenus, émo-
luments, plainement et paisiblement, et à
lui obéir et entendre de tous ceux qu'il appartiendra et choses concernant ledit office et

mandons en outre auxdits présidens, trésoriers de France, que par ceux de nos receveurs, payeurs et autres comptables qu'il appartiendra, ils fassent payer et délivrer comptant audit sieur Quatremère les gages et droits dudit office, appartenant doresnavant par chacun an, aux termes et en la manière accoutumée, à commencer du jour de sa réception, laquelle rapportant copie et des présentes duement collationnée pour une fois seulement avec quittance de luy suffisante, Nous voulons lesdits gages et droits être passés et alloués en la dépense des comptes de ceux qui en auront fait le payement par lesdits gens de nos comptes auxquels mandons aussi le faire sans difficulté, car tel est notre bon plaisir, en terme de quoi nous avons fait mettre notre scel auxdites présentes à Paris, le dix-sept avril, l'an de grâce mil sept cent trente-sept, et de notre régne, le vingt-deuxième.

Signé sur le reply : par le Roy, Martin ; et scellées sur double queue du grand sceau de cire jaune, et sur ledit reply est écrit ledit maître Nicolas-Marc Quatremère a été reçu en l'office de conseiller du Roy, controlleur général, antien et mytriénnal des receveurs et payeurs des gages, augmentations de gages et autres chargés assignées sur les serments, mentionné en ces présentes et d'iceluy saint et presté serment recquis et accoutumé en la Chambre de Comptes, ouy le procureur général du Roy, information préalablement faite sur ses vie, mœurs, âge, religion catholique, apostolique et romaine, par l'un des conseillers maîtres ordinaires en ladite chambre à ce commis à la charge de fournir son controlle en la Chambre dans les termes de l'ordonnance, le dix mai mil sept cent trente-sept (1).

Signé : NOBLET.

(1) Archiv. nat., P. 2434, fol. 140 v°, t. Iᵉʳ

§ 2.

LOUIS, par la grâce de Dieu, roi de France et de Navarre, à tous présens et à venir, salut.

Nous avons toujours, à l'exemple des rois nos prédécesseurs, considéré le commerce comme une des principales causes de la prospérité de notre État et ce par ce motif que Nous croyons devoir récompenser par des marques d'honneur ceux de nos sujets qui se sont distingués dans cette profession, de ce nombre est notre cher et bien aimé le sieur Nicolas-Étienne QUATREMÈRE, ancien négociant à Paris. L'ancienneté de sa famille dans le commerce, la conduite régulière et sans reproche que lui et ses pères et lui-même ont tenue, sont autant de motifs qui Nous déterminent à l'honorer d'une manière éclatante ; son ayeul était un négociant accrédité ; la réputation de probité dont il jouissait a passé à son fils ; toutes les places qui peuvent honorer un commerçant ont été remplies par celui-ci, telles que grand-garde de son corps, le premier des six corps des marchands et les fonctions du Consulat ; et c'est après avoir fourni une longue carrière pendant laquelle il avait mérité l'estime publique qu'il est décédé laissant deux fils.

Le cadet, après s'être distingué dans le commerce, a été appelé par ses concitoyens à remplir la place d'échevin de Paris, qui est attributive de la noblesse transmissible, et Nous avons cru, d'ailleurs, devoir lui donner une preuve autentique de la satisfaction que Nous avons de ses services particuliers en le nommant chevalier de Saint-Michel. L'aîné, le sieur Nicolas-Étienne Quatremère, succède à la maison de commerce de son père ; il l'a conduite avec tant d'honneur et de probité, qu'elle est devenue l'une des plus considérables de notre bonne ville de Paris. Après avoir été comme son père, garde de son corps, il a été, également appelé à la place de consul, et a rempli cette espèce de magistrature avec une exactitude, des lumières distinguées non seulement pendant le temps ordinaire en mil sept cent soixante et onze, mais pendant encore une seconde année sans qu'il ait voulu profiter des dispositions qu'annonçait le gouvernement de lui accorder des grâces, telles qu'en obtinrent dans des circonstances semblables les consuls en place en mil sept cent cinquante-trois et qui

y rentrèrent en mil sept cent cinquante-quatre.
Rendu depuis à son état, il s'est livré avec un
nouveau zèle à devenir l'arbitre de ses concitoyens dans les différends relatifs au commerce, et c'est à raison de ses connaissances
que les sieurs lieutenant civil et général de
police lui ont accordé leur confiance pour les
examens des marchandises et plusieurs affaires
importantes qu'il a eu l'avantage de terminer
à la satisfaction des parties. Mais en même
temps que Nous croyons devoir le récompenser
en l'annoblissant, cette grâce Nous semblerait
imparfaite si, pour conserver au commerce
une maison accréditée et qui jouit de la considération et de la confiance publique, Nous
n'exigions que l'un des fils dudit Quatremère
continuât son commerce. Nous sommes per-
suadés que cette condition deviendra pour ce
fils un encouragement et le portera à imiter
les exemples que lui laissent ses pères et à se
faire un devoir de la réputation qu'ils ont
acquise. A ces causes de notre grâce spéciale,
pleine puissance et autorité royale, Nous
avons annobli par ces présentes signées de
notre main, Nous annoblissons le sieur Quatremère du titre de noble et d'écuyer, l'avons
décoré et décorons et voulons et Nous plaît

qu'il soit censé et réputé noble, tant en jugement que dehors ensemble ses enfans, postérité et descendants, *mâles et femelles*, nés
et à naître en légitime mariage ; lui imposons
cependant la condition de faire continuer
son commerce par celui de ses enfants qu'il
jugera à propos de choisir, voulons et Nous
plait également que lui et ses enfans jouissent comme nobles, prendre en tous actes
et en tous lieux la qualité d'écuyer, parvenir
à tous les degrés de chevalerie et autres
dignités, titres et qualités réservés à notre
noblesse, qu'ils soient inscrits au catalogue des
nobles, qu'ils jouissent de tous les droits, privilèges, prérogatives, préeminences, fran-
chises, libertés, exemptions et immunités dont
jouissent et ont coutume de jouir les autres
nobles de notre royaume, tant qu'ils vivront
noblement et ne feront acte de dérogeance,
comme aussi qu'ils puissent acquérir, tenir et
posséder tous fiefs, seigneuries de quelques
qualités qu'elles soyent, permettons au dit
Quatremère, ses enfans et postérité et descendants de porter des armoiries timbrées, telles
qu'elles seront réglées et blasonnées par le
sieur d'Hozier, juge d'armes de France, ainsi
qu'elles seront peintes et figurées en ces pré-

sentes (1) auxquelles son acte de règlement sera attaché sous notre contre-scel avec pouvoir de les faire graver, si elles ne le sont déjà, dans tels endroits de leurs châteaux, maisons, terre et seigneurie que bon leur semblera, sans que pour raison de ce que dessus, ledit Quatre-mère, ses enfans, postérité et descendants soyent tenus de nous payer et à nos successeurs aucune finance, ni indemnité, dont à quelque somme qu'elles puissent monter : Nous leur avons fait et faisons don par cesdites présentes et sans qu'ils puissent être troublés, ni recherchés pour quelque cause et prétexte que ce soit à la charge par eux de vivre noblement, si donnons en mandement à nos amés et féaux conseillers les gens tenant nos cours de Parlement, Chambre des Comptes et Cour des Aydes à Paris à tous autres nos officiers et justiciers qu'il appartiendra, que ces présentes ils ayent à faire registrer et du contenu en icelles jouir et user ledit sieur Quatremère, ensemble ses enfans, postérité et descendants, nés et à naître en légitime mariage, pleinement et paisiblement et perpétuellement, cessant et faisant cesser tous troubles et empêchements

(1) Ici est peint le blason.

quelconques, nonobstant tous édits, déclarations et autres choses à ce contraires auxquels et aux dérogations y contenus, Nous avons dérogé et dérogeons pour ce regard seulement et sans tirer à conséquence, car tel est notre bon plaisir; et pour que ce soit chose ferme et stable à toujours, Nous avons fait mettre notre scel à ces dites présentes, sauf en autre chose notre droit en tout. Donné à Versailles, au mois de may mil sept cent quatre-vingt, de notre règne le septième et plus bas, par le Roy : Amelot; à côté, visa pour annoblissement en faveur de Nicolas-Etienne Quatre-mère, signé : de Miromesnil. Au-dessous est encore écrit : registrées, ce consentant le Procureur général du roy pour jouir par l'impétrant, ses enfans, postérité et descendants, *mâles et femelles* nés et à naître en légitime mariage de leur effet et contenu et être exécutées selon leur forme et teneur aux charges, clauses et conditions y portées et à la charge que celui de ses enfans qui tiendra la maison de commerce ne pourra jouir des avantages et droits résultant desdites lettres sans approbation de la qualité des juges d'armes de France donnée par lesdites lettres patentes à Antoine-Marie d'Hozier, suivant l'arrêt de ce

jour à Paris en Parlement le vingt-cinq septembre mil sept cent quatre-vingt, signé :
Ysabeau, et au-dessous est encore écrit, expé-
diées et registrées en la Chambre des Comptes
du roy, informé préalablement des vie, mœurs,
âge et religion catholique, apostolique et
romaine, naissance, biens et facultés de
l'impétrant par l'un des conseillers maîtres en
ladite Chambre à ce commis pour jouir par
ledit impétrant, et ses enfants, postérité et
descendants nés et à naître en légitime
mariage de l'effet et contenu en icelles, aux
clauses et conditions y portées et à la charge
que celui de ses enfans qui tiendra la maison
de commerce ne pourra jouir du droit et avantages résultant desdites lettres, moyennant la
somme de soixante-dix livres par lui payée
laquelle a été convertie en aumosne ; le vingt-
neuf décembre mil sept cent quatre-vingt, signé : Cave; d'Haudicout, conseiller maître, et au
dessous, écrit : registrées avec un paraphe (1).

(1) Arch. Nat. P. 2601, t. X., fol. 15 v°.

Marc QUATREMÈRE
Marchand, bourgeois de Paris, officier du Roi à la Fauconnerie.

Nicolas-Marc QUATREMÈRE, dit de LAFORÊT
Marchand de draps, juge-consul, bourgeois de Paris, contrôleur des Finances sous Louis XV.

NICOLAS-ÉTIENNE (1725-1795)
Marchand de draps, juge-consul, écuyer, chevalier des ordres du Roi et de Saint-Michel, annobli par Louis XVI; époux d'Anne-Charlotte BOURJOT.

FRANÇOIS BERNARD, DIT DE L'ÉPINE
Échevin de Paris (1727-1795), négociant, écuyer, chevalier de Saint-Michel, époux de Marie-Anne BOURJOT.

MARC-ÉTIENNE (1751-1794)
Écuyer, échevin, condamné par le tribunal révolutionnaire en 1791.

Q. DE ROISSY

Q. DE QUINCY   Q. D'ISJONVAL

ÉTIENNE-MARC
Professeur
au Collège de France.

Familles
DURNERIN
POLLISSARD
MARBEAU, etc.

GÉNÉALOGIE ABRÉGÉE DE LA FAMILLE QUATREMÈRE

Madame QUATREMÈRE (née BOURJOT.)

QUATREMÈRE DE ROISSY époux de JEANNE MESSAGER

QUATREMÈRE DE SAINTE-HÉLÈNE
époux de
VALENTINE DE JOUY

Famille de
M. ALPHONSE QUATREMÈRE
représentée par
M. PAUL LACOMBE
le bibliophile parisien.

Famille de
M. ÉDOUARD QUATREMÈRE

ÉMILIE-SOPHIE
épouse **PRUNIER-QUATREMÈRE**
Chevalier de la Légion d'honneur.

AMÉLIE–MARIE épouse d'AMÉDÉE **DREVET**
Inspecteur général des lignes télégraphiques, chef du personnel au ministère de l'Intérieur, Chevalier de la Légion d'honneur, fils d'ANTOINE DREVET, Censeur du collège Henri IV sous Louis-Philippe, Conservateur de la Bibliothèque Sainte-Geneviève, Chevalier de la Légion d'honneur.

MARIE-AMÉLIE épouse de **ÉTIENNE-LOUIS LAROCHE**
Officier supérieur de cavalerie ; Officier de la Légion d'honneur ; fils d'Auguste Laroche, président du tribunal de Guéret (Creuse), chevalier de la Légion d'honneur ; et dont un grand-père et cinq grands-oncles (officiers ou chevaliers de la Légion d'honneur), firent en même temps partie de la Grande-Armée.

LOUIS - AMÉDÉE
docteur en droit.

FILIATION DIRECTE DE L'AUTEUR AVEC MADAME QUATREMÈRE.

TABLE DES MATIÈRES

170-01. — Imprimerie des Orphelins-Apprentis, D. Fontaine, 40, rue La Fontaine. Paris-Auteuil.